선종무문관

本地風光 6
선종무문관

무문혜개 찬술 | 금하광덕 역주 | 송암지원 교정
펴낸곳 · 도서출판 도피안사

2009년 8월 15일 1판 1쇄 인쇄
2009년 8월 30일 1판 1쇄 발행

인쇄 및 제본 · 금강인쇄(주)
등록 · 2000년 8월 19일(제19-52호)
주소 · 경기도 안성시 죽산면 용설리 1178-1
서울 사무소 · 서울시 송파구 잠실동 312-23 201호 | 전화 · 02-419-8704
팩스 · 02-336-8701 | E-mail · dopiansa@kornet.net

ⓒ 2009, 송암지원

ISBN 978-89-90223-49-4 04220
　　　89-90223-24-5 (세트)

책값은 뒤표지에 있습니다.
잘못된 책은 바꿔드립니다.
이 책의 내용 전부 또는 일부를 다른 곳에 사용하려면
반드시 저작권자와 도피안사 양측의 서면 동의를 받아야 합니다.

眞理生命은 깨달음[自覺覺他]에 의해서만 그 모습[覺行圓滿]이 드러나므로
도서출판 도피안사는 '독서는 깨달음을 얻는 또 하나의 길'이라는 믿음으로
책을 펴냅니다.

本地風光 ❻

선종무문관

禪宗無門關

무문혜개 찬술 | 금하광덕 역주 | 송암지원 교정

DOPIANSA

범례(凡例)

1. 이 역(譯)은 중국 남송 이종(理宗) 대에 이루어진 무문혜개(無門慧開, 1183~1260) 선사(禪師)가 찬술한 선종무문관(禪宗無門關)의 전역주(全譯註)이다.
2. 번역에 있어서 원전은 1940년판 일본 대정신수대장경 제48권에 수록된 선종무문관에 의존했다.
3. 역주는 되도록 선문(禪門)에 익숙하지 않은 분을 위주로 하였는데 그래도 선가(禪家) 특유의 표현이 좀 생소하리라 본다. 주(註)에는 『경덕전등록(景德傳燈錄)』, 『속전등록(續傳燈錄)』, 『오등회원(五燈會元)』, 『선문염송집(禪門拈頌集)』, 『벽암록(碧巖錄)』 등을 참고했다.
4. 무문관 본칙에 수록된 고조사(古祖師)는 파초혜청(芭蕉慧淸)을 제하고는 중국 출신이다. 따라서 왕조나 지명도 모두 중국의 것이다.
   —이하는 교정자의 덧붙임이다.—
5. 先師, 金河堂光德大禪師의 無門關 역주(譯註)는 휘문출판사의 『世界의 大思想』 31권(1981년 3월 5일 간행)에 수록된 것이다.
6. 先師의 이 국역(國譯, 무문관)이 비장(秘藏)되다시피 한 것을, 동국대학교 도서관에서 문헌자료 담당소임을 역임한 이철교 님이 그 소재를 알려주었다.
7. ( ) 안은 서기와, 또는 문장 앞의 ( )는 뜻을 명확하게 하기 위한 교정자의 부연이다.

8. 그동안 출간된 무문관의 여러 역(譯) 중에서 설봉노사의 역을 법사(法嗣)인 금산스님이 편찬한 『설봉대전』과 성본스님의 역주와 이희익 선생의 역과 이수경 거사의 해석을 참고하여 대조했지만, 선사의 체취를 그대로 살리는 데 주안점을 두었다. 다만 독자의 이해를 조금이라도 돕기 위해 문장 가운데 ( ) 안의 글은 교정자가 넣었음을 거듭 밝힌다.
9. 휘문출판사에서 간행한 『世界의 大思想』 31권에는 한문(漢文) 원문이 없지만 독자의 편의를 위해 교정자가 『대정신수대장경』에서 원문을 찾아 넣고 문단을 나누었다.
10. 여러 본을 참고하거나 대조하여 인쇄상의 오자는 바로 잡고 탈자는 보완하였다.
11. 선사의 주(註)는 말 그대로 본문을 이해하기 위한 한갓 해설이나 설명이 아니라 안목을 열어주는 또 다른 본문의 역할을 하고 있다. 그래서 본문이나 주를 같은 비중으로 대했다.
12. 원본(『世界의 大思想』 31권)에는 '해제'와 '역사적 배경'이 따로 떨어져 있는 것을 모두 찾아내어 앞에 차례로 넣었다.
13. 전집이 아닌 단행본에는 반드시 원문이 들어가야 함에도 불광출판사에서 (급히) 간행한 무문관에는 역주만 실었다. 그 까닭을 모르겠지만 이는 독자들에게 큰 실례가 되고 나아가 선사(先師)께 매우 불효가 되는 일이라고 생각한다.

・ 물론 휘문출판사의 세계의 대사상 전집에는 한문 원문이 빠져 있다. 이는 그 당시 전집 붐이 일어 사상적인 점만 부각시키려 했던 것과 지금은 여러 모로 상황이 다르다. 당연히 한문 원문이 있어야 거기에 따르는 역주가 가능하다고 본다. 단행본으로 출판할 때는 원문 없이 어떻게 역주가 가능한가를 먼저 깊이 생각했어야 한다. 이는 자칫 선사를 욕되게 하는 일이 될 수 있고 독자에게 큰 결례가 될 수 있음을 말하고 싶다. 안타까운 일임에 틀림없다. 이에 나는 부득이 시봉일기 10권에 있는 내용을 단행본으로 다시 발간하여 세상에 스승의 바른 안목을 드러내고자 한다. 나의 고충을 이해해 주길 바란다. 또한 이 점에 대해 당사자들의 심사숙고가 있길 바라고 독자제현들께서는 원문 없음의 아쉬움을 이 책으로 대신해 주길 간곡히 바란다.

14. 이 책은 교정자가 발굴하여 처음 인쇄시에 발생한 오탈을 무려 6개월에 걸쳐 바로 잡아 시봉일기 10권에 싣게 되었다.

15. 불광 문인들은 오로지 스승의 법을 잇고 사상을 계승하기 위해 누구나 앞장서야 하고 헌신해야 한다.

※ 원기거사 이진두 님의 노고로 1차 교열을 거쳤다.

해제(解題)

무문관(無門關)의 갖춘 이름으로는 선종무문관(禪宗無門關)이다. 중국 남송 중기의 임제종에 속하는 거장 무문혜개(無門慧開) 선사(禪師)의 저작이다.

불교에는 이론이나 교설에 떨어지지 않고, 불타의 핵심되는 사상 자체에 투입하여 이를 주체적으로 파악하고 실천적으로 인식하는 한 유파가 있는데, 이것을 선종(禪宗)이라 하고 있음은 이미 누구나 아는 일이다. 이 선종에서는 불타나 조사들이 불교 진리의 오묘한 도리를 언구나 행동 등으로 바로 보인 것이 전해 오고 있다. 이것을 고칙(古則) 또는 공안(公案)이라 하고, 수행인은 이 고칙을 요달하여 통과하느냐가 첫째의 과제이다. 따라서 많은 조사들이 평생을 두고 공안을 들어 문제를 제기하고, 모든 선수행자들은 이 공안 통과를 향하여 전 생명을 건다.

중국 당대(唐代)에 대두했던 선사상은 송조(宋朝)에 와서 난

숙기에 들었고 이웃인 우리나라와 일본에 전파되어 지금은 거의 세계를 덮는 거대한 사상의 조류를 이루게 되었다. 중국 당·송대에는 고칙을 모은 공안집(公案集)이 많았다. 당시의 것으로 지금에 전해 오는 대표적인 것이 『벽암록(碧巖錄)』, 『종용록(從容錄)』과 여기 소개하는 『무문관』인 바, 『벽암록』·『종용록』에는 각각 본칙(本則), 백칙(百則)에 송(頌)과 단평, 평창 등이 붙어 있다. 『벽암록』은 설두중현(雪竇重顯)의 본칙에 원오극근(圜悟克勤)의 수시와 창, 『종용록』은 굉지(宏智 : 天童正覺)와 만송(萬松行秀)의 공저이고, 여기 『무문관』은 48의 본칙에 무문이 짤막한 평과 송을 붙인 불교 선사상의 결정적 집약판이다. 그런 만큼 무문 자신이 말하듯이 일자 일루의 군말이 없다. 골수를 찌르고 가슴에 파고드는 짤막한 언구 속에 불조의 정혼이 넘쳐 있고 광휘의 생명력이 팽팽하다.

『무문관』의 저자인 무문혜개선사는 중국 남송 효종의 순희(淳熙) 10년(1183)―우리나라 고려 명종 13년― 중국 항주(抗州) 양저(良渚)에서 태어났다. 언제 출가했는지는 분명치 않으나 처음 천룡굉(天龍肱)에 참례하고 제방 존숙을 찾다가 마침내 평강(平江) 만수사(萬壽寺) 월림사관(月林師觀)을 찾았다. 월림은 임제 양기(楊岐)과 7세손(七世孫), 그 기봉이 고준하기로 널리 알려져 있었다. 여기서 무문은 조주의 무자(無字) 공안 앞에 맞붙는다. 그는 '만약 조는 경우가 있으면 이 몸을 불살라 버리겠다'고 맹세하고 머리를 기둥에 부딪치는 등 분지책려 하기 6년, 하루는 식사 시각을 알리는 북소리를 듣는 순간 홀연히 통밑이 빠지는 소리가 있었다. 게송을 짓기를,

"청천백일 울리는 한 우레 소리에
산하대지 온갖 중생 샛별 눈이 밝았는데
삼라만상 한결같이 머리를 조아리고
수미산은 뛰어올라 삼태(三台)를 뛰어 논다" 하였다.

월림과 불꽃 튀기는 문답의 감변을 거쳐 마침내 인가를 받고 그 후 안길산 보국(報國), 융흥(隆興)의 천녕(天寧) 등 여러 곳을 역임하고 순우(淳祐) 6년(1246) 호국인왕사(護國仁王寺)를 개산하였다. 이듬해 이종(理宗)의 청으로 입궐, 설법하고 금란법의와 불안(佛眼)의 호를 받았다. 만년에는 서호(西湖) 가로 은퇴, 암거하였으나 역시 참학자가 끊이지 않았고, 경정(景定) 원년(고려 원종 원년) 4월 7일, 사세(辭世)의 송을 짓기를,

'허공 나지 않았고 또한 멸하지 않네

허공을 증득하면 허공도 별것 없다' 하고
붓을 던지고 세연을 닫았다.
세수 78세. 탑은 호국인왕사 뒷산에 세웠다.

『무문관』은 어느 때 성립되었는가.

표문, 자서, 후서를 보건대, 무문이 동가의 용상사(龍翔寺)에서 지낸 소정 원년(1228년, 고려장경 판각하기 11년 전) 여름에 대중을 위해 초록 집성한 것이 그 해 7월 10일이고, 동년 11월 15일에 판각을 완성하여 이듬해 1월 5일 이종(理宗)에게 제출한 것을 알 수 있다. 이어서 보면 『무문관』은 무문 46세의 저작이다. 그러나 무문관이 무문 일대의 온오의 결정임을 생각할 때 그 배후에는 무문이 보인사에 출세한 이래 10년간의 사상적 축적의 성과라고 보아야 할 것이다.

『무문관』의 내용에 대하여 언급하면 무문관은 무문 자신이 말했듯이 고칙의 잡연한 집성은 아니다. 무문은 자서에서 "이 한 개의 무자(無字), 이것이 종문의 첫째 관문이다. 이에 이름하여 '선종무문관'이라 하였다"라고 말하고 있다. 사실 이 조주 무자는 이 한 권을 일관하고 있는 중심사상이며 동시에 무문의 전면목이기도 하다. 그러므로 무문은 이 무(無), 한 자의 전개형식으로 일단 고칙 48칙을 염제(拈提)하여 본서를 이루어

놓은 것으로 보아야 할 것이다.

이 『무문관』 한 권에 담긴 고칙 공안은 대개 『전등록(傳燈錄)』, 『오등회원(五燈會元)』, 『선문염송집(禪門拈頌集)』에 실려 있어 지금껏 우리나라 종문에 널리 행하여지고 있는 것이나, 이 『무문관』 한 권은 역자 비재의 탓으로 불행히도 아직 국내 유통의 역사를 알지 못한다. 다만 괄목할 사실은 고 설봉노사(故 雪峰老師)가 『무문관』 각 칙에 평송(評頌)을 가한 것이 노사 생존 시에는 운무에 묻혔더니, 근년에 와서 사(師)의 고제(高弟) 금산선백(金山禪伯)에 의하여 범어사 내원선사에서 간행을 보았다. 우리나라 종문의 성사로 기록할 일이다.

이 『무문관』 한 권이 우리에게 어떠한 의의를 주는 것일까. 진리를 대상관계에서 구하고자 하는 사상은 이제 종말의 대단원에 오지 않았나 한다. 진리를 설정하고 그를 대상화할 수 있는 것으로 생각하고 그 대상 속에서 진리를 얻고자 하는 태도는 인간에게 주체적 창조성을 빼앗고 비소(卑小)에의 타락과 인생의 공허와 방황과 충돌을 끝없이 되풀이하게 한다. 그렇다고 일체를 부정하고 부정도 부정하여 마침내 바닥부터 방하(放下)하는 슬기도 없다. 여기에 어쩔 수 없이 악몽의 반복을 굳세게 믿고 나아가야 하는 현대의 시대가 안은 고민이 있다. 이를 불교를 아는 사람들은 미망전도(迷妄顚倒)라고 불러오거니와, 슬프다! 어찌하여 우리는 자존(自存)하는 자신의 구원(久遠)의 햇빛에 착안하지 못할까? 왜, 일체 희론(戱論)과는 아무 상관없는 이 엄연한 실상현실을 외면하기만 바쁠까? 겁전겁후(劫前劫後)의 결정 요인을 자기 손아귀에 쥐고도 밖으로 밖으로 종속과 공허를 되씹는 일로 내달아야 할까!

여기에 선의 가르침이 있다. '이것이 꿀이다' 하고 눈앞에 들이대고 입안에 쑥 밀어 넣어 준다. 이것은 이론이나 말이 아니다. 어느 종교의 교설과도 상관없다. 바로 인간과 존재의 해명이며 정면 제시다. 인간과 역사의 본연 동력이며, 본 궤도이다.

이에서 보면 무문관은 현대인에게 이 문이 없는 진리의 문으로 인도하는 적절한 길잡이며 또한 성자의 곡진한 자비와 지혜에서 이루어진 무한공급에의 문이라 하겠다.

이 『무문관』 한 권이 전해지는 영광을 충심으로 기리는 바이다.

역사적 배경

선종무문관이 출현한 송나라 시대 중국의 불교사상을 비롯해서 그 성쇠의 과정과 선종에 대한 여러 문제를 살펴볼 필요가 있다고 본다. 우선 송나라 태조는 5대(代) 후주(後周)의 무장(武將)인 조광윤(趙匡胤)이다. 태조가 후주의 선양(禪讓)을 받아서 왕위에 올랐다. 처음 개봉(開封)에 도읍을 정하고 국호를 송(宋)이라 했다.

송대의 중국불교는 겨우 당대 불교의 명맥을 유지하는 선에 머물렀다. 당대보다 발달한 것은 거의 없으나 다만 '대장경'의 판각사업은 괄목할 만하다. 남송의 고종(高宗, 1127~1163) 시대에 출세한 대혜(大慧, 1089~1163)선사가 그 당시의 선법(禪法)이 극도로 쇠퇴했음을 개탄한 것으로 미루어 보아 그 시절의 불교 상황을 대강 짐작할 수가 있겠다. 송나라 말기에 이르러서는 불교가 쇠퇴한 것이 아니라 극도의 혼란과 타락에 빠져들었다. 그 몇 가지 예를 들어보면, 도첩(度牒) 또는 도연(度緣)

13

이라고 불리는 승니(僧尼)가 출가할 때에 조정에서 세금을 면하기 위해서 주는 허가증을 매매하는 행위가 공공연히 이루어지는가 하면 도첩의 공채화(公債化), 도첩의 매가, 승민과세(僧民課稅), 면역전(免役錢), 면정전(免丁田) 등 가지가지 불도(佛徒)들의 타락상은 이루 다 말할 수가 없을 정도였다고 한다.

송대에 불교가 이와 같이 쇠퇴해진 반면, 유교는 나날이 부흥해갔다. 특히 남송에 와서는 유교의 전성기라고 할 만큼 교세가 성장한다. 이로 인해 두 종교 사이의 반목과 질시는 날로 심해져서 유교인들의 불교 배척은 극심한 상태에 이른다. 이에 대한 방어를 위해 여러 가지 불교서적이 나오기도 했다. 명교계숭(明敎契崇, 1017년에 입적함)의 '보교편(補敎篇)'은 구양수(歐陽修)의 '본론(本論)'에, 장상영(張商英)의 '호법론(護法論)'과 '삼교평심론(三敎平心論)' 등은 모두 배불(排佛)의 화살을 막고 있는 논(論)들이다. 뿐만 아니라 휘종(徽宗, 1101~1125)도 불교를 배격하고 도교(道敎)를 신봉했다.

선종(禪宗)은 일명 '불심종(佛心宗)'이라고도 하며, 달마대사가 인도로부터 중국으로 처음 전교한 종지인 것이다. 교외별전(敎外別傳)을 종(宗)의 강격(綱格)으로 하고, 좌선으로써 내관자성(內觀自性)하여 자기 스스로의 심성(心性)을 철견(徹見)하고, 자증삼매(自證三昧)의 묘한 경지를 체달함을 종요(宗要)로 삼는 불교의 한 종파라 하겠다. 선종이란 말은 부처님의 설교를 소의로 삼는 종파를 교종(敎宗)이라 함에 대하여 '좌선을 닦는 종지'라는 뜻에서 하는 말이다.

앞에서 언급한 바와 같이 당나라 말엽부터 선종과 교종의 세력이 대립하여 교(敎) 밖에 선(禪)이 있다는 치우친 소견을 내어 도리어 교외별전(敎外別傳)의 참뜻을 잃게 되어, 그로 말미암아 선종이라는 명칭을 배척하지 아니할 수가 없게 되었다. 이 종은 석가세존께서 정법의 부촉을 받은 가섭으로부터 달마대사까지의 28조가 있고, 그 제28조인 보리달마가 520년(양나라 보통 1년) 중국에 와서 혜가에게 법을 전함으로부터 제5조 홍인대사에 이른다. 그 문하에 혜능을 제6조로 하는 남종(南宗)과 신수를 제6조로 하는 북종(北宗)으로 갈리게 되었다. 그러나 북종은 오래지 않아서 후손이 끊어지고 남종의 혜능 일류(一流)만이 번성하여 마침내 오가칠종(五家七宗)을 냈다. 그 후 원(元)과 명(明)대에 이르러서는 다른 종파가 모두 쇠퇴하게 되었으나 이 선종만은 오히려 크게 번성했다.

※ 이 글은 원본에 실린 무문관의 시대 상황에 대한 언급을 다시 정리하여 실었다. – 교정자

차례

범례…4
해제…7
역사적 배경…13

서(序)…19
표문(表文)…21
선종무문관 자서(禪宗無門關 自序)…23
제1칙 조주의 구자(趙州狗子)…28
제2칙 백장야호(百丈野狐)…34
제3칙 구지, 손가락을 세우다(俱胝豎指)…40
제4칙 오랑캐는 수염이 없다(胡子無鬚)…43
제5칙 향엄, 나무에 오르다(香嚴上樹)…45
제6칙 세존이 꽃을 드시다(世尊拈花)…48
제7칙 조주, 발우를 씻다(趙州洗鉢)…52
제8칙 해중이 수레를 만들다(奚仲造車)…55
제9칙 대통지승불(大通智勝佛)…57

제10칙　청세의 외롭고 가난함(清稅孤貧)…60
제11칙　조주, 암주를 시험하다(州勘庵主)…63
제12칙　서암, 주인공을 부르다(巖喚主人)…67
제13칙　덕산탁발(德山托鉢)…70
제14칙　남전이 고양이를 베다(南泉斬猫)…74
제15칙　동산의 삼돈방(洞山三頓)…77
제16칙　종소리와 칠조(鍾聲七條)…82
제17칙　국사, 세 번 부르다(國師三喚)…86
제18칙　동산의 삼 세 근(洞山麻三斤)…89
제19칙　평상심이 도이다(平常是道)…91
제20칙　큰 역량이 있는 사람(大力量人)…95
제21칙　운문의 똥막대기(雲門屎橛)…98
제22칙　가섭의 찰간(迦葉刹竿)…101
제23칙　선도 악도 생각지 마라(不思善惡)…104
제24칙　말을 떠나다(離却語言)…109
제25칙　삼좌의 설법(三座說法)…112
제26칙　두 스님이 발을 말아 올리다(二僧卷簾)…115
제27칙　마음도 부처도 아닌 것(不是心佛)…118
제28칙　용담의 메아리가 오래 울리다(久響龍潭)…120
제29칙　바람도 아니고 깃발도 아니다(非風非幡)…126
제30칙　마음이 곧 부처이다(卽心卽佛)…129
제31칙　조주, 노파를 감파하다(趙州勘婆)…132
제32칙　외도가 부처님께 묻다(外道問佛)…135

제33칙　마음도 아니고 불도 아니다(非心非佛)…138

제34칙　지혜는 도가 아니다(智不是道)…140

제35칙　천녀, 혼이 떠나다(倩女離魂)…142

제36칙　길에서 달인을 만나다(路逢達道)…145

제37칙　뜰 앞의 잣나무(庭前柏樹)…147

제38칙　소가 창살을 지나다(牛過窓櫺)…150

제39칙　운문의 말에 떨어지다(雲門話墮)…152

제40칙　정병을 걷어차다(趯倒淨甁)…155

제41칙　달마의 안심법문(達磨安心)…158

제42칙　여자, 정에서 나오다(女子出定)…161

제43칙　수산의 죽비(首山竹篦)…166

제44칙　파초의 주장자(芭蕉拄杖)…169

제45칙　저는 누구냐(他是阿誰)…171

제46칙　장대 끝에 서서 앞으로 나가다(竿頭進步)…173

제47칙　도솔의 삼관(兜率三關)…176

제48칙　건봉의 한 길(乾峰一路)…179

후서(後序)…182

선잠(禪箴)…185

황용삼관(黃龍三關)…187

발(跋)…191

안만사십구칙(安晚四十九則)…193

무문관 서(無門關序)

說道無門, 盡大地人得入 ; 說道有門, 無阿師分.
第一强添幾箇註脚, 大似笠上頂笠 ; 硬要習翁贊揚, 又是乾竹絞汁.
著得這些哼本, 不消習翁一擲. 一擲莫敎一滴落江湖, 千里烏騅追不得.
紹定改元七月晦 習菴 陳塤 寫

(道를 깨달아 들어갈) 문이 없다고 한다면 온 천지 사람이 모두 들어갈 것이요, 문이 있다고 하면 선지식(善知識)의 (역할의) 문이 없을 것이다.

보아하니, 첫 장부터 몇 개의 주각(註脚)[1]을 달아 놓았으니 이는 삿갓 위에 겹쳐 삿갓을 쓴 것과 매우 같다. 여기에 내가

---

1) 註脚 : 이 무문관이 本則에 무문의 評과 頌을 붙인 것이니 눈이 있는 사람은 본칙도 쓸데없는 문구라 하는데, 거기에 다시 군말을 붙이니 참으로 무용하다는 것. 삿갓 위에 삿갓을 썼다는 말이 거기에서 나온다.

굳이 찬양의 말을 붙여야 한다니, 이는 바로 마른 대나무2)를 짜서 즙을 내어 이러한 효본(哮本)3)에 바르라 함이라, 나로서는 손 한 번 댈 것도 못 된다.

그러나 마지못하여 한 번 손을 대니 부디 세상에 한 방울도 떨어뜨리지 않게 하라. 그때에는 천리 오추마(烏騅馬)4)로 쫓아가도 잡지 못할 것이다.

소정(紹定)5) 원년 7월 그믐
습암진훈(習庵陳塤)6) 씀

---

2) 마른 (대나무)곳에서 물이 나올까! 무의미한 억지소리라는 뜻.
3) 哮本 : 아이들이나 달래는 정도의 책. 즉 동화책.
4) 烏騅馬 : 楚나라 項羽가 타던 명마. 자기가 이 글에 序를 쓴다면 그 허물은 천리마로 쫓아가도 거두지 못한다는 뜻.
5) 紹定(1238) : 남송 理宗 4년에 개원한 연호. 이때는 몽골이 득세하여 송의 숙적 金을 협공하던 시절. 금은 6년 후에 망했다.
6) 習庵陳塤 : 남송 寧宗(理宗의 前代) 때인 嘉定 연간에 進士가 되고 이종 때에도 封事, 후에 은퇴하여 후학을 가르친 當代의 저명한 학자다.

표문(表文)[1]

紹定二年正月初五日, 恭遇天基聖節, 臣僧慧開預於元年十二月初五日印行拈提佛祖機緣四十八則, 祝延今上皇帝聖躬萬歲! 萬歲! 萬萬歲! 皇帝陛下! 恭願聖明齊日月, 叡筭等乾坤, 八方歌有道之君, 四海樂無爲之化.

慈懿皇后功德報因佑慈禪寺 前住持 傳法臣 僧 慧開 謹言

소정(紹定) 2년 정월 5일, 황공하옵게 천기(天基)[2]의 성절(聖節)을 맞아 신(臣) 승(僧) 혜개(慧開), 미리 원년 12월 초닷새에 불조(佛祖)의 기연(機緣)[3] 48칙을 잡아 논술하고 간행하여 이로써 금

---

1) 表文 : 임금에게 바치는 글. 당시의 관례로는 책을 저술하였을 때는 글에 명사의 序를 받아 왕에게 올렸다. 소정 2년은 南宋의 이종황제 즉위 5년 (1229)이며, 무문의 나이 49세.
2) 天基 : 이종황제의 생일. 즉 天基는 황제인 天子를 가리키고, 聖節은 천자의 생일을 말함.
3) 機緣 : 몇 가지 경우가 있다. 禪林에서는 종사의 시기와 인연에 따른 언동을 기연이라 한다.

상 황제 폐하의 성궁(聖躬) 만만세하옵기를 축원하옵나이다.

지성 다하여 바라옵는 바는 황제폐하의 거룩한 밝으심이 일월과 같사옵고, 수명은 천지와 같사오며, 팔방의 도(道) 얻은 선비가 우러러 칭송하고, 사해의 백성들이 한이 없으신 덕화를 즐기게 되옵기를……!

자의(慈懿)4) 황후의 공덕에 보답코자 이 책을 지은 우자선사(佑慈禪寺)의 전 주지이며 법을 전하는 신(臣) 승(僧) 혜개(慧開) 삼가 사룀.

---

4) 慈懿皇后 : 이종황제 母의 시호. 위 우자선사는 이종이 모후를 위하여 지은 절이다.

선종무문관 자서(禪宗無門關自序)[1]

佛語心爲宗, 無門爲法門. 旣是無門, 且作麼生透? 豈不見道: 從門入者, 不是家珍; 從緣得者, 始終成壞. 恁麼說話, 大似無風起浪, 好肉剜瘡. 何況滯言句, 覓解會, 掉棒打月, 隔靴爬痒, 有甚交涉? 慧開紹定戊子夏, 首衆于東嘉龍翔, 因衲子請益, 遂將古人公案作敲門瓦子, 隨機引導學者, 竟爾抄錄, 不覺成集. 初不以前後敍列, 共成四十八則. 通曰『無門關』. 若是箇漢, 不顧危亡, 單刀直入, 八臂那吒攔他不住. 縱使西天四七, 東土二三, 只得望風乞命. 設或躊躇, 也似隔窓看馬騎, 貶得眼來, 早已蹉過.

頌曰: 大道無門,
　　　千差有路.
　　　透得此關,
　　　乾坤獨步.

---

1) 이것은 무문의 自序.

대개 이 도리는 '부처님 말씀의 심수(心髓)를 종(宗)으로 하고 무문(無門)을 법의 문으로 삼는다'2) 하거니와 이미 무문일진대 어떻게 들어갈 것인가?

그대는 어찌 듣지 못하였는가? 문으로 들어온 것은 집안 보배가 아니며, 인연으로 얻은 것은 마침내 허물어진다는 것을……!3)

이와 같은 이야기들은, 바람이 없는데 물결을 일으킴이며, 성한 살을 후벼 파 생채기를 내는 것과 매우 흡사하구나. 하물며 어찌 언구(言句)에 얽매여 해석으로 알고자 함이랴! 이는 방망이를 휘둘러 달을 치고 신발 위로 가려운 곳을 긁는 것이니 이렇게 한들 과연 무슨 소용이 있을까?

혜개(慧開)가 소정(紹定) 무자년 여름, 동가(東嘉)의 용상사(龍翔寺)에서 대중의 우두머리가 되었더니, 그때에 납자(衲子)4)들의 청에 응하여, 고인의 공안(公案)5)으로 문을 두들기는 기

---

2) 『楞伽經』의 경의를 馬祖가 인용한 것[佛語心爲宗 無門爲法門].
3) 이 구절은 宗門에서 유명한 구절로 많이 인용된다. '문에서 들어온 것은 보배가 아니니 만약에 큰 법을 펴고자 하거든 하나하나가 자기 흉금에서 흘러나와 하늘을 덮고 땅을 덮어야 하느니라.'[巖頭가 雪峰에게 준 말]
4) 衲子 : 또는 衲僧. 참선하는 출가수행자인 스님을 말함.
5) 公案 : 話頭라고도 한다. 도를 판단하는 法語. 관청의 '공변된 법령의 문서'에서 온 말인데 불법의 이치를 바로 설명한 佛祖의 機緣은 도를 깨치는 데 감히 범치 못할 법칙이므로 공안이라 한다. 이 '무문관'은 바로 그 公案集이다.

왼쪽을 삼아서 기연을 따라 학자를 인도하였는데 이렇게 되어 초록한 것이 어느덧 한 묶음이 되었다. 처음부터 순서 없이 적어놓은 것이지만 48칙이 되니 여기에 『무문관(無門關)』이라 이름을 붙였다.

만약 여기에 한 장부가 있다면 위험도, 목숨도 불구하고 칼 한 자루로 곧장 뛰어들면[6] 사면(四面) 팔비(八臂)의 나타태자(那吒太子)[7]가 가로막더라도 멈추지 않으며, 그 당당한 위풍은 서천의 4×7[8]조사나, 동토의 2×3조사[9]도 다만 멀리서 바라보기만 하고도 목숨을 빌며 항복할 것이다.[10]

만약 그렇지 아니하고 주저한다면 이는 창살 사이로 말달리는 것을 구경하는 것과 같이 잠깐 사이에 놓치리라.

송(頌)으로 이른다.

---

6) 용맹스런 정진을 가리킨다. 도를 깨치는 데는 혼자서 百萬大軍을 당적할 기개와 용맹이 절실히 요구된다. 이러한 자세 없이 見性悟道는 못한다.
7) 那吒태자 : 얼굴이 四, 팔이 八, 용맹이 절륜한 비사문천왕의 아들. 여기서는 大力勇士의 의미.
8) 四七조사 : 석가모니부처님을 이은 迦葉존자로부터 28조 달마조사에 이르는 인도의 역대 조사.
9) 二三조사 : 달마대사의 東來 이후 중국 六代祖師. 초조 달마에서 六祖인 慧能까지.
10) 이 도리에는 聖凡도, 得失도, 有無도 설 곳이 없다. 어디에 佛祖가 제자리를 유지하랴.

대도(大道)에 문이 없으니
길이 천 갈래라.
이 관문(關門)11)을 통과하면
하늘땅을 홀로 걸으리.12)

---

11) 關門 : 본시 관문은 국경이나 교통의 요충지에 군사를 두어 내왕하는 사람이나 물건을 검사하던 곳. 도를 얻는 데에는 반드시 공안을 타파해야 하므로 공안이 조사가 되는 관문. 따라서 조사관이라고도 한다.
12) 大法王 자리에 오르니 天上天下에 홀로 자재할 수밖에―.

無門關

參學比丘 彌衍宗紹 編

제1칙

조주(趙州)¹⁾의 구자(狗子)²⁾

趙州和尙因僧問:"狗子還有佛性也無?"州云:"無."

無門曰:"參禪須透祖師關, 妙悟要窮心路絶. 祖關不透, 心路不

---

1) 조주(778~897) : 南泉普願의 법을 이었다. 법명은 從諗, 속성은 郝씨, 조주 관음원에서 교화하였으므로 조주라 하였다. 어려서 출가하여 80세까지 행각·수도 이후 40년을 크게 교화하여 宗門에서는 趙州古佛이라 칭한다. 그 수많은 法 機緣 중, '趙州無字'·'庭前栢樹子'·'靑州布衫' 등, 여기 그대로 적은 것이다. 조주의 법맥을 보면 다음과 같다.

   六祖慧能 ┬ 靑原行思
            └ 南嶽懷讓 – 馬祖道一 – 南泉普願 – 趙州從諗

   • 수행자 : 구도자. 여기서는 스님. 이하 본문의 법을 묻는 스님을 '수행자'라 함.

2) 狗子 : 이 공안[話頭]은 趙州無字 또는 狗子, 無佛性 또는 狗子話라고 불리는데 여기 제목에서는 조주구자라고 하고 있다. 그 전거에 대하여 『趙州錄』에 다음과 같이 보인다. 어떤 스님[수행자]이 선사에게 묻기를, "개에도 불성이 있습니까?" "없느니라." 다시, "위로 부처님으로부터 저 벌레에 이르기까지 모두가 불성이 있는데 어째서 개에게는 없습니까?" 선사는 "내게는 業識이 있기 때문이다." 또 다른 수행자가 물었다. "개에 불성이 있습니까?" 답하기를 "있느니라." 다시, "이미 있다면 어째서 저 가죽부대 속에 들어갔습니까?"라고 물으니 "알고 짐짓 범했느니라"고 했다.

絶, 盡是依草附木精靈. 且道如何是祖師關? 只者一箇'無'字, 乃宗門一關也. 遂目之曰『禪宗無門關』. 透得過者, 非但親見趙州, 便可與歷代祖師把手共行, 眉毛廝結, 同一眼見, 同一耳聞, 豈不慶快? 莫有要透關底麼? 將三百六十骨節·八萬四千毫竅, 通身起箇疑團, 參箇'無'字, 晝夜提撕. 莫作虛無會, 莫作有無會. 如吞了箇熱鐵丸相似, 吐又吐不出, 蕩盡從前惡知惡覺, 久久純熟, 自然內外打成一片; 如啞子得夢, 只許自知. 驀然打發, 驚天動地, 如奪得關將軍大刀入手, 逢佛殺佛, 逢祖殺祖, 於生死岸頭得大自在, 向六道四生中遊戲三昧. 且作麼生提撕? 盡平生氣力, 擧箇'無'字. 若不間斷, 好似法燭一點便著."

頌曰 : 狗子佛性,
　　　全提正令.
　　　纔涉有無,
　　　喪身失命.

조주스님께 한 수행자가 물었다.

"개에게도 불성(佛性)3)이 있습니까?"

---

3) 일체 중생이 모두 다 불성을 원만하게 갖추고 있고, 다만 범부는 번뇌에 덮여서 불성을 모르므로 불성을 깨쳐 번뇌에서 벗어나라는 것이 대승불교의 기본 교리다.

조주스님 대답하기를 "없느니라"4) 하였다.

무문(無門)이 평한다.

참선5)은 모름지기 조사의 관문6)을 뚫어야 한다. 묘오(妙悟)를 얻으려면 반드시 마음 길이 다하여 끊어져야 한다. 만약 조사관(祖師關)을 뚫지 못하고 마음 길이 끊어지지 않았으면 이 모두는 초목에 의지한 허깨비 종류임을 면치 못한다.

자! 일러 봐라. 어떤 것이 조사관인가?

단지 이 한 개의 무자(無字), 즉 이것이 종문(宗門)의 첫째 관문이다. 나는 이를 선종무문관이라 부르고자 한다. 만약 이

---

4) 불성이 없다고 한 '無'가 상대적인 무냐, 혹은 절대적인 무냐, 아니면 그 밖의 무엇이냐가 아니다. 그러면 무엇이냐? 여기에 無字의 문제성이 제기된다. 무문이 여기 無字를 佛祖 제1관문으로 삼고 이 무문관을 전개하였음은 뒤에서 볼 수 있는 바다.
5) 참선은 마음[생명과 우주의 참모습]을 구체적으로 파악하려는 수행이다. 지식과 이론과 생각이 이를 수 없는 절대적 주체성을 향한 수행을 '참선·參究'라고 하는데 이는 본래 길이 없는 길이요, 있다면 절대생명의 길일 뿐, 해서 어떤 종교나 종파에 관계없는 뚜렷하고 묘한 모든 생명인의 公道[본래 길]이다.
6) 조사의 관문 : 조사가 되는 관문이란 뜻. 또는 조사가 되는 관문을 말하는 것이니, 조사관을 통과하는 것은 공안으로 한다. 公案이란 話頭라고도 하는데 도를 판단하는 법어다. 본시 이 말은 관청의 '공변된 문서'라는 의미를 가지는 말로서 공정하여 범치 못할 법령을 말한다. 도를 깨치려면 불조가 도를 직접 보인 말씀이나 몸짓 등이 바른 법령이 되니 이를 사무쳐 통달해야 한다.

관문을 뚫고 지나간 자는 다만 친히 조주를 볼 뿐만 아니라, 곧 역대 조사와 더불어 손을 잡고 같이 길을 가고 눈썹을 함께 하여 같은 눈으로 보고, 같은 귀로 들을 것이니 이 어찌 기쁘고 시원스런 일이 아니겠느냐! 다들 이 관문을 뚫어보지 않으려는가!

그러자면 360의 뼈마디, 8만 4천의 털구멍, 온 몸, 온 정신을 똘똘 뭉쳐 하나의 의문 덩어리를 만들어 이 무자(無字) 화두(話頭)를 참구(參究)하라! 밤낮을 가리지 말고 이 문제와 부딪쳐라. 그때 이 '무(無)'의 뜻이 결코 허무(虛無)의 뜻이라거나, 있느니 없느니 하는 것으로 이해하려고 하지 마라.

마치 한 개의 뜨거운 철환(鐵丸)을 삼킨 것과 같이 토해내려 해도 토해낼 수 없게 된다. 이와 같이 하여 이제까지의 악지악각(惡知惡覺)[7]을 탕진해 버리고 오래오래 지내면서 맑게 익어가면 저절로 내외[8]가 한 조각[一片][9]이 되리니 이때에는 벙어리가 꿈꾼 것과 같이 나만 스스로 알게 된다.

---

7) 惡知惡覺 : 지식이나 이론, 교묘히 궁리해 낸 견해 등. 이런 것들은 이 일을 판단하는 데 아무 소용없고, 오히려 큰 방해물이 되므로 이를 크게 忌한다.
8) 내외 : 자기와 바깥 경계, 즉 의식과 대상.
9) 한 조각 : 打成一片을 말한다. 공안을 궁구하고 나아가면, 의식도 대상도 一枚가 되어 오직 疑情만이 일체에 현전한다. 이것을 타성일편이라 하나 이것도 한 경계이니, 여기서 다시 앞으로 나아가야 한다.

이때에 돌연히 경지를 타파하여 나아가면 하늘을 흔들고 땅을 뒤집는 소식을 알 것이니, 이때는 관우(關羽)10) 장군의 큰칼을 빼앗아 손에 잡은 것과 같이 부처[佛]를 만나면 부처를 죽이고,11) 조사를 만나면 조사를 죽이며, 생사마당에서 대자재를 얻어 육도사생(六道四生)12) 속에서 자유로이 노닐 것이다.

그렇다면 어떻게 공부를 해야 할 것인가? 오직 평생의 기력을 다 바쳐 이 무자(無字) 말머리를 들어라. 만약 끊임없이 지어 가면 마치 촛불에 불을 붙이면 단번에 밝아지듯 한 법이 되리라.

송(頌)으로 이른다.

개와 불성! 이 한마디에

불조법(佛祖法)의 바른 법령(法令)은 온전히 반포되었다.

이에 대하여 조금이라도 유무(有無)의 견해를 가져 어른거린

---

10) 關羽:『三國志』에 나오는 관운장을 말한다. 절륜한 용맹과 82근의 큰칼을 휘둘렀다고 한다.
11) 부처를 죽이다 : 일체의 결박에서 벗어남을 비유한 것. 권위니 신성이니 부처니 조사니 하는 데 마음을 두면 바로 이들에 결박되는 것이니 본심의 자유를 잃는다. 일체에 걸림없는 自在本地에 도달하려면 佛祖에서 마저 과감하게 벗어나야 한다.
12) 六道四生 : 중생의 생태적인 표현상의 여섯 방면. 즉 천상·인간·아수라·아귀·축생·지옥을 육도라 하고, 생태상속상의 형식 네 가지, 즉 胎生(태로 낳는 것)·卵生(알로 태어나는 것)·濕生(습기로 태어나는 것)·化生(화하여 태어나는 것)을 사생이라 한다.

다면
  이 사람은 당장에 신명을 잃으리라.

제2칙

백장야호(百丈野狐)

百丈和尙凡參次, 有一老人常隨衆聽法, 衆人退, 老人亦退.
忽一日不退, 師遂問: "面前立者復是何人?"
老人云: "諾. 某甲非人也. 於過去迦葉佛時曾住此山, 因學人問: '大修行底人還落因果也無?' 某甲對云: '不落因果.' 五百生墮野狐身. 今請和尙代一轉語, 貴脫野狐." 遂問: "大修行底人還落因果也無?" 師云: "不昧因果." 老人於言下大悟, 作禮云: "某甲已脫野狐身, 住在山後, 敢告和尙, 乞依亡僧事例." 師令維那白槌告衆: "食後送亡僧." 大衆言議: "一衆皆安, 涅槃堂又無人病, 何故如是?" 食後, 只見師領衆至山後巖下, 以杖挑出一死野狐, 乃依火葬. 師至晚上堂, 擧前因緣. 黃蘗便問: "古人錯祇對一轉語, 墮五百生野狐身. 轉轉不錯, 合作箇甚麽?" 師云: "近前來, 與伊道." 黃蘗遂近前與師一掌. 師拍手笑云: "將謂胡鬚赤, 更有赤鬚胡."

無門曰 : "不落因果, 爲甚墮野狐? 不昧因果, 爲甚脫野狐?

若向者裏著得一隻眼, 便知得前百丈贏得風流五百生."

頌曰 : 不落不昧,

兩采一賽.

不昧不落,

千錯萬錯.

백장1)스님께서 설법2)할 때면 매양 한 노인3)이 와서 대중을 따라 법을 듣고 대중이 물러가면 함께 물러가곤 하였는데, 한

---

1) 백장(720~814) : 馬祖의 법을 이었다. 법명은 懷海, 속성은 王씨, 福州 長樂 사람. 법을 받은 후, 홍주 대웅산[또는 백장산이라고도 함]에 머물며 크게 법을 폈다. 백장의 최대 업적이라면, 선종 중심의 총림 수도원의 개창이다. 지금의 총림 청규는 그때 된 것이다. 그의 행업이 엄정하여 '하루 일 하지 않으면 하루 안 먹는다'[一日不作 一日不食]의 고범을 남기고 있다. 그의 대표적 제자에 황벽이 있다. 그 법맥을 보면 다음과 같다. 六祖慧能 ─ 南嶽懷讓 ─ 馬祖道一 ─ 百丈懷海
2) 설법 : 설법에 대한 총림 용어로는 參이다. 참은 參禪, 參問, 參集의 뜻이다. 사내의 모든 대중이 법당에 모이면 주지가 상당설법을 한다. 이를 大參이라고 한다. 대참은 매월 1, 5, 10, 15, 20, 25일에 주지가 법상에 올라가서 설법하고 또는 대중에게 묻고 시험한다. 또 5일마다 아침에 죽을 먹은 후에 법당에서 정기설법[五參上堂]을 했다. 그리고 때아닌 설법을 小參, 혼자 특별히 묻는 것을 獨參이라 한다. 이 밖에 朝參, 早參, 晨參, 晚參 등의 말이 있다. 이처럼 절은 경치 좋은 곳이 아니라 설법을 자주하여 법이 풍성한 곳이어야 한다.
3) 백장산에 전부터 있었다 하여 전백장이라 부르기도 한다.

번은 대중이 다 물러갔어도 노인은 물러가지 않았다. 그래서 스님께서 물었다.

"앞에 서 있는 그대는 누구인가?"

노인이 대답하였다.

"네, 저는 지금은 분명 사람이 아니옵니다. 과거 가섭불(迦葉佛)[4] 때에 일찍이 이 산중을 주장하던 주지였는데 그때에 한 학인(學人)이 와서 '대수행인도 인과(因果)[5]에 떨어집니까?' 하고 물어 왔습니다. 그때에 제가 대답하기를 '인과에 떨어지지 않느니라'고 하였습니다.

이로 인하여 저는 오백 생 동안 여우 몸을 받고, 지금껏 해탈하지 못하고 있사오니, 바라옵건대 스님께서는 저를 대신하여 한 말씀 해 주시어 이 여우 몸을 벗어나게 해 주십시오" 하고 청했다.

그리고 그는 이렇게 묻는 것이었다.

"대수행인도 인과에 떨어지는 일이 있습니까, 없습니까?"

스님께서 대답하였다.

---

4) 迦葉佛 : 석가모니불 이전에 다시 六불이 출현하셨다고 하는데 가섭불은 여섯 번째의 불이시다.
5) 因果 : 원인에 대한 과보. 인간은 누구나 그의 생각이나 언동을 통하여 끊임없이 원인을 만들고 어쩔 수 없이 그 결과[果報]를 받는다. 도인은 이러한 인과의 결박에서 벗어날 수 있느냐 하는 것이 이 물음의 요지다.

"인과에 매(昧)하지 않느니라."

노인은 그 말에 대오(大悟)하고 절을 하며 말하였다.

"저는 이제 여우 몸을 벗어났습니다. 스님께 감히 청하오니, 제가 뒷산 동굴에 있겠사오니 출가수행자가 죽은 절차로 장례를 지내주시기 바랍니다."

스님께서는 유나(維那)6)를 시켜 추(槌)7)를 울려 대중을 모이게 하고, 식사 후에 다비(茶毘)8)에 나간다고 일렀다.

이 말을 들은 대중은 수군댔다.

"지금 산내 대중이 다 무고하고 열반당에도 또한 병든 이가 없는데 웬일일까?"9)

식후에 스님께서는 대중을 거느리고 뒷산에 이르러 한 바위굴에서 지팡이로 죽은 여우를 들추어냈다. 그리하여 곧 화장하였다.

스님께서는 밤이 되어 상당하여 앞서의 노인 이야기를 하였다. 이때 황벽이 물었다.

"옛사람이 잘못 한마디 가르쳐서 5백 생 동안 여우 몸을 받

---

6) 維那 : karmaclana. 총림에서 산중의 기강을 잡고 대중을 통솔하는 책임.
7) 槌 : 나무로 만든 판자를 쳐서 대중에게 알리는 총림에서 쓰는 신호기구.
8) 茶毘 : 梵語의 jhapita. 闍維라고도 적는다. 火葬을 말함.
9) 涅槃堂 : 병든 이가 요양하는 집. 그러나 과거 우리나라에서는 중병환자의 요양소, 또는 出喪 전의 시체 안치소를 일컬었다.

앉는데, 만약 잘못 이르지 않았더라면 (그 노인은) 무엇이 되었겠습니까?"

스님께서 말씀하셨다.

"가까이 오너라. 너에게 일러 주마!"

황벽이 가까이 가더니 선뜻 (또는 자신의 손바닥을 한 번 탁 쳤다) 백장스님의 뺨을 한 차례 내리쳤다. 스님은 손뼉을 치고 웃으면서 말하였다.

"(또는 달마)오랑캐10)의 수염이 붉다고 하더니 붉은 수염의 오랑캐가 (여기) 있구나!"

무문이 평한다.

인과에 떨어지지 않는다[不落因果] 하면 어째서 여우 몸을 받으며, 인과에 매하지 않는다[不昧因果] 하면 어찌하여 여우 몸을 벗는가? 만약 이 사이에 일척안(一隻眼)11)을 얻으면 전백장(前百丈 : 그 노인)은 5백 생 동안 풍류를 즐긴 것을 알 것이다.

---

10) 오랑캐 : 과거 중국에서는 흔히 인도나 서역 사람에게 胡자를 넣는다. 여기서 빨간 수염은 부처나 달마를 말한다. '붉은 수염의 오랑캐'의 출처는 '佛陀耶舍'에서 온 듯함['佛陀耶舍'는 『四分律』과 『長阿含』의 漢譯者로 수염이 붉었다].
11) 一隻眼 : 불법을 바로 보는 안목. 正眼, 慧眼.

송으로 이른다.

떨어지지 않든, 매(昧)하지 않든
양쪽 채(彩)12) 모두가 한 가지 주사위지만
'떨어지지 않는다', '매하지 않는다' 함부로 지껄이면
천 갈래 만 갈래로 모두를 그르친다.13)

---

12) 彩 : 주사위에 새긴 부호.
13) 인과에 昧하지 않는 도리를 철저하게 사무쳐 알지 못하면서 不落因果니 不昧因果니, 또는 같다느니 다르다느니 하는 것을 엄하게 경계한 말.

제3척

구지, 손가락을 세우다[俱胝豎指][1]

俱胝和尙, 凡有詰問, 唯擧一指. 後有童子因外人問: "和尙說何法要?" 童子亦豎指頭.

胝聞, 遂以刃斷其指, 童子負痛號哭而去. 胝復召之, 童子迴首, 胝卻豎起指, 童子忽然領悟. 胝將順世, 謂衆曰: "吾得天龍一指頭禪, 一生受用不盡." 言訖示滅.

無門曰: "俱胝幷童子悟處, 不在指頭上.
　　　　若向者裏見得, 天龍同俱胝幷童子,
　　　　與自己一串穿卻."

---

1) 손가락을 세우다 : 이 公案은 천룡선사에게서 비롯한다. 구지가 금화산 암자에서 지낼 때, 천룡선사가 찾아왔다. 구지가 묻는다. "어떤 것이 불법 대의입니까?" 천룡선사는 손가락 하나를 세웠다. 이에 구지는 홀연히 깨치고 이후 평생을 이 손가락 법문을 썼다.

頌曰 : 俱胝鈍置老天龍,
　　　利刀單提勘小童,
　　　巨靈擡手無多子,
　　　分破華山千萬重.

구지(俱胝)2)스님께서는 누가 와서 법을 물으면 언제나 손가락 하나를 세워 보였다.

스님 처소에는 한 동자가 있었다. 한번은 스님께서 출타 중일 때 어떤 사람이 찾아와서 동자에게 물었다. "스님께서는 평소에 어떻게 법을 설하시던가?" 동자가 이에 말없이 손가락을 세워 보였다.

뒤에 구지스님이 이 말을 전해 듣고, 어느 날 동자의 손가락을 칼로 싹둑 잘라버렸다. 동자는 아픔을 참지 못해 울면서 달아나고 있을 때, 구지스님이 뒤에서 "동자야?" 하고 부르니 동자는 순간 고개를 돌렸다. 그때 구지스님은 동자를 향해 손가락을 세워 보였다. 이를 본 순간 동자는 홀연히 깨쳤다.

구지스님께서 열반에 들 때 문인들에게 말하였다. "나는 천

---

2) 俱胝 : 생존 연대는 분명하지 않다. 황벽·임제와 같은 시대이므로 850년 전후인 듯. 항상 七俱胝佛母心陀羅尼[Sapta Kotibuddhamatr Dharani]를 외고 있었으므로 구지화상이라 불렀다. 法系는, 六祖慧能―南嶽懷讓―馬祖道一―大梅法常―天龍―俱胝로 이어진다.

룡선사(天龍禪師)에게서 '한 손가락 선'을 얻은 후로 평생을 쓰고도 다 쓰지 못하였다."

말을 마치자 멸도에 들었다.

무문이 평한다.
구지스님과 동자의 깨친 곳이 손가락에 있는 것이 아니다.
이 사이의 소식을 알기만 하면
천룡선사와 구지스님과 동자와 (그대)자기를
한 (꾸러미)꼬치에 꿰리라.

송으로 이른다.
구지는 천룡의 가르침을 무시하고
날카로운 칼날로 동자를 시험하니
거령[3]신(神)이 제 손 들기 무슨 힘이 들던가.
단번에 천만 겹의 화산(華山)을 쪼개었느니.

---

3) 巨靈 : 중국의 옛 신화에 나오는 이야기. 본디 화산과 수양산은 같은 한 산이었는데 거령신이 한 손으로 내리치니 산이 두 조각이 나서 화산과 수양산으로 나뉘고 황하의 물이 통하게 되었다는 것. 여기서는 중생의 번뇌가 천 겹 만 겹인데 이를 반야의 한 기틀로 분산시키고, 法水를 유통시킨다는 점을 생각해 보면 구지화상의 솜씨를 평가한 무문의 의지를 바로 짐작하게 된다.

제4칙

오랑캐(달마)는 수염이 없다[胡子無鬚]

或庵曰:"西天胡子因甚無鬚?"

無門曰:"參須實參,
　　　　悟須實悟.
　　　　者箇胡子,
　　　　直須親見一回始得.
　　　　說親見, 早成兩箇."

頌曰: 癡人面前,
　　　不可說夢.
　　　胡子無鬚,
　　　惺惺添懵.

혹암(或庵)[1]스님이 말하였다.
"서천 오랑캐[胡子][2]인 달마는 왜 수염이 없는가?"

무문이 평한다.
참선공부는 모름지기 온몸으로 익히는 실참(實參)이어야 하며,
깨달음 또한 온몸으로 체험하는 실오(實悟)여야 하느니라.
오랑캐인 달마는 모름지기 직접 보아야[3] 하나니,
친히 보았다 하더라도 이미 두 개[4]가 된다.

송으로 이른다.
어리석은 사람 앞에서
꿈 이야기하지 마라.
호자(胡子)가 수염이 없다고 말하여
(밝은 세계에) 멀쩡히 어둠만 더하나니.

---

1) 或庵(208~279) : 법명은 師體, 속성은 羅씨. 圜悟克勤 선사의 法孫이 된다. 師의 法系譜를 보면, 臨濟義玄…汾陽善昭…楊岐方會…圜悟克勤―護國景元―或庵師體로 이어진다.
2) 서천 호자 : 여기서는 달마대사를 가리킨다.
3) 친히 보다 : 달마의 진면목을 바로 보라는 것. 달마의 진면목은 곧 자기 면목이니 이를 봄에는 남의 꿈 이야기 같은 공부로는 불가하다. 여기서 實參을 강조한다.
4) 두 개 : 보는 자와 보이는 자의 두 개. 이 상대의 경계로서는 절대상의 달마는 보지 못한다.

제5칙

향엄, 나무에 오르다 [香嚴上樹]

香嚴和尚云:"如人上樹, 口銜樹枝, 手不攀枝, 脚不踏樹,
　　　　　樹下有人問西來意, 不對,
　　　　　卽違他所問; 若對, 又喪身失命. 正恁麽時作麽生對?"

無門曰:"縱有懸河之辯, 總用不著; 說得一大藏敎, 亦用不著.
　　　若向者裏對得著, 活卻從前死路頭,
　　　死卻從前活路頭; 其或未然, 直待當來問彌勒."

頌曰: 香嚴眞杜撰,
　　　惡毒無盡限,
　　　啞卻衲僧口,
　　　通身迸鬼眼.

향엄[1]스님이 말하였다.

"그대가 나무 위에 올라가 손으로 가지를 잡지 않고, 발로도 나무를 밟지 않고, 오직 입으로만 나뭇가지를 물고 매달려 있을 때, 어떤 사람이 나무 밑에 와서 달마조사가 서쪽에서 온 뜻[2]을 묻는데, 이때에 대답하지 않는다면 저 사람의 물음을 어기게 되고, 대답하고자 하면 곧 떨어져 죽게 되니 바로 이런 때, 그대는 어떻게 대답할 것인가?"

무문이 평한다.

여기에 이르러서는 비록 그대가 물 흐르듯 막힘없는 큰 변재가 있다 하더라도 아무 소용없고, 또한 부처님의 일대장경을 모두 다 말할 수 있다 해도 소용없다.

만약 여기에 이르러서 한 소식 얻는다면 (그는) 이제까지의 죽은 (지혜)것들을 모두 살리게 되고, 이제까지 살았던 (번뇌)것들은 모두 다 죽게 할 것이다.

---

1) 香嚴 : 생존 연대가 분명하지 않다. 백장, 潙山 등에게 聞道한 것으로 보아 700년대 말기에서부터 860년대까지 생존한 듯하다. 우리나라 신라 후기가 된다. 법명은 智閑, 靑州 사람. 潙山의 법을 잇고 鄧州 향엄사에서 교화하였다.

六祖慧能 ― 南嶽懷讓 ― 馬祖道一 ― 百丈懷海 ― 潙山靈祐 ┬ 仰山慧寂
　　　　　　　　　　　　　　　　　　　　　　　　　　　　└ 香嚴智閑

2) 조사가 서쪽에서 온 뜻 : 달마조사의 禪法, 즉 불법의 참뜻을 말한다.

그러하지 못한다면 마땅히 미륵불이 출세하기를 기다렸다가
물어라.

　송으로 이른다.
　향엄은 참으로 (두찬처럼) 돼먹지 않았다.
　모진 독설을 끝없이 뿌리는구나.
　납승(衲僧)들의 입을 틀어막아 놓고서
　온몸에 귀신 눈3)이 튕겨 나오게 한다.

---

3) 귀신 눈 : 일체를 보는 눈을 얻게 한다는 뜻.

제6척

세존이 꽃을 드시다[世尊拈花][1]

世尊昔在靈山會上拈花示衆, 是時衆皆默然, 惟迦葉尊者破顏微笑.
世尊云: "吾有正法眼藏, 涅槃妙心, 實相無相, 微妙法門, 不立文字, 敎外別傳, 付囑摩訶迦葉."

無門曰: "黃面瞿曇傍若無人, 壓良爲賤, 懸羊頭賣狗肉.
　　　將謂多少奇特. 只如當時大衆都笑, 正法眼藏作麼生傳?
　　　設使迦葉不笑, 正法眼藏又作麼生傳?
　　　若道正法眼藏有傳授, 黃面老子誑諕閭閻; 若道無傳授,
　　　爲甚麼獨許迦葉?"

---

1) 세존이 꽃을 들다[世尊拈花]: 세존이 세 곳에서 제자 가섭에게 법을 전하였는데 이를 三處傳心의 以心傳心이라고 한다. 첫째는 꽃을 들어 보임에 가섭이 웃은 것이요, 둘째는 多子塔 앞에서 자리를 나눠 앉은 것이요, 셋째는 세존이 열반에 드신 뒤, 가섭에게 곽 밖으로 두 발을 내어 보임이다.

頌曰 : 拈起花來,
　　　尾巴已露,
　　　迦葉破顔,
　　　人天罔措.

　세존2) 석가모니불께서 영산3)회상에서 법을 설하셨다. 때에 세존이 한 송이 꽃4)을 들어서 대중에게 보이셨다. 대중5)들은 모두가 무슨 뜻인지 몰라 어리둥절하였는데 다만 가섭(迦葉)6) 한 사람이 빙긋 웃었다.

　이에 세존이 말씀하시기를 "나에게 정법의 안목을 갖추었고,

---

2) 世尊 : 부처님의 열 가지 이름[10號] 중 하나. 세간에서 가장 높으신 어른 이란 뜻. 10호는 다음과 같다. 如來・應供・正遍智・明行足・善逝・世間解・無上士・調御丈夫・天人師・佛世尊.
3) 영산 : 耆闍崛山(Gṛdhrakūta)의 번역. 또는 靈鷲山. 줄여서 영산이라 한다. 세존께서 이곳에 오래 머물렀고 많은 경을 설한 聖地이다.
4) 한 송이 꽃 : 『大梵天王問佛決疑經』에 "범왕이 영산에 이르러 금색의 婆羅華를 부처님께 헌공하고, 몸으로써 법좌를 삼으면서 부처님께 중생을 위하여 설법을 청하였다. 이에 세존이 자리에 올라 꽃을 들어 대중에게 보였다……!" 하고 있다. 이것이 拈花微笑의 公案이며 佛祖의 관문이다.
5) 그때의 영산회상에는 인간과 천상, 그 밖의 많은 성중이 모였다. 경에는 백만억 대중이라 하였거니와 이를 알려면 육안의 경계에서 벗어나야 한다.
6) 가섭 : 摩訶迦葉(Mahā kāssapa). 세존의 상수 제자이며, 부처님의 심법을 전수받은 제1세다. 본래 바라문교도였으나 세존 성도한 지 2년에 제자가 되고 頭陀行[少欲知足의 苦行] 제1의 성자.

열반에 이른 미묘한 마음이며, 상(相)이 없는 실상의 불가사의
한 법문이 있느니라. 이는 문자를 세우지 아니하고 말 밖에 따
로 전하는 법이니, 이를 마하가섭(摩訶迦葉)에게 부촉한다7)"고
하셨다.

 무문이 평한다.
 황면(黃面)8) 구담(瞿曇)9)이 곁에 아무도 보이지 않듯이 마구
양민을 억압하여 천민을 삼고, 양의 머리를 걸어 놓고 개고기
를 파는구나! 이제까지는 다소 기특한 점이 있다고 여겼네!
 만약 그때에 대중이 모두 다 웃었다면 정법안장(正法眼藏)은
어떻게 전하였을 것이며, 또한 가섭이 웃지 않았다면 정법안장
은 누구에게 전하였을까?
 만약 정법안장이 전수할 수 있는 것이라면 (세존)황면노자는
어찌하여 순박한 사람들에게 큰소리로 속였으며, 만약 전수할
수 없는 것일진대 어찌해서 유독 가섭에게만 허락했던가!

---

7) 원문을 소개한다. 吾有正法眼藏, 涅槃妙心, 實相無相, 微妙法門, 不立文字 教外
 別傳 付囑摩訶迦葉.
8) 黃面 : 누른빛 얼굴. 세존의 몸이 황금색으로 빛나고 있기 때문이다. 또
 세존의 탄생지인 '가비라'가 황색의 곳이라는 뜻이 있어 그렇게 불렀거
 나, 혹은 금색 불상의 광명을 연상한 데서 온 듯함. 禪家의 거친 말투로
 황면・황투라고 부른다.
9) 瞿曇 : Gotama. 憍曇涌, 憍答摩라고도 적는다. 釋迦 종족의 성.

송으로 이른다.

꽃을 들어 보임이여

(몸뚱이에서부터) 꼬리[10]까지 이미 드러났네.

가섭이 홀로 웃었으나

인천(人天)[11]은 모두가 (어찌 할 줄 몰라서) 어리둥절할 뿐!

---

10) 꼬리 : 그 전모가 여지없이 드러났다는 뜻.
11) 人天 : 인간과 천상 사람.

제7칙

조주, 발우를 씻다 [趙州洗鉢]

趙州因僧問:"某甲乍入叢林, 乞師指示."

州云:"喫粥了也未?"

僧云:"喫粥了也."

州云:"洗鉢盂去." 其僧有省.

無門曰:"趙州開口見膽, 露出心肝；者僧聽事不眞, 喚鐘作甕."

頌曰: 只爲分明極,
　　　翻令所得遲.
　　　早知燈是火,
　　　飯熟已多時.

어느 때 조주(趙州)스님께 한 수행자가 물었다.

"저는 갓 총림1)에 들어왔습니다. 스님의 가르침을 받고자 합니다."

조주스님이 말하였다.

"죽2)은 먹었느냐?"

"네, 먹었습니다."

"그러면 발우3)나 씻어라."

이에 그 수행자가 홀연히 깨쳤다.

무문이 평한다.

조주스님이 입4)을 열어 쓸개를 보이고 심장과 간마저 드러내 보였다.

그러나 그 (초심 학인)수행자가 이 말을 듣고도 참[眞]을 몰랐다면 종(鐘)소리를 가리켜 독[甕] 치는 소리라 함이다.

송으로 이른다.

다만 너무나 분명하기에5)

---

1) 총림 : 단체로 참선 수행하는 수도원.
2) 粥 : 총림에서는 아침에 죽을 먹는다.
3) 鉢盂 : patra. 스님들의 밥그릇[食器].
4) 조주가 입을 벌려 극진히도 친절하게 자기의 진면목을 숨김없이 털어놓았다는 뜻.
5) 너무나 분명 : 범부의 일상생활이 道의 발현이라면 어떨까!

도리어 소득[6]이 더디구나.
일찍 등불[7]이 바른 불인 줄 알았던들
밥이 익은 지도 이미 오래였으리.

---

6) 소득 : 깨달음.
7) 등불 : 등불을 들고 불씨를 찾아 헤맬 때를 생각하게 한다.

제8칙
해중이 수레를 만들다[奚仲造車]

月庵和尙問僧:"奚仲造車一百輻, 拈卻兩頭去卻軸, 明甚麼邊事?"

無門曰:"若也直下明得, 眼似流星, 機如掣電."

頌曰:機輪轉處,
　　　達者猶迷.
　　　四維上下,
　　　南北東西.

월암(月庵)[1]스님께서 대중에게 물었다.
"해중(奚仲)[2]은 1백 (대)폭[3]의 수레를 만들었다 하거니와 만

---

1) 월암 : 潭州大潙月庵善果禪師. 생존 연대 불명. 1100년 전반인 듯. 그의 法系 譜는 臨濟義玄…五祖法演—開福道寧—月庵善果로 이어진다.
2) 해중 : 중국 禹王 때의 수레를 만드는 명인으로 전해온다.
3) 폭 : 본디 차의 바퀴살을 말하는 것.

약 이들 수레의 양쪽 바퀴를 떼어버리고 또한 굴레[軸]마저 떼어내면 만든 수레는 어떻게 될 것인가?"

무문이 평한다.

만약 이 도리를 직하에 밝혀내면 (안목)눈은 유성(流星)[4])과 같이 빠르고 기틀[機][5])은 번개 치듯 하리라.

송[6])으로 이른다.
(지혜의 작용)기륜(機輪)[7])이 구르는 곳은
(불법을)달통한 사람도 또한 헤매나니
(지혜의 자유자재)사유(四維)[8]) 상하(上下)며
동서남북이라.

---

4) 눈 : 마음의 눈이다. 유성은 빠른 것의 비유.
5) 기틀 : 본심의 작용. 禪機와 같은 말.
6) 이 송의 요지는, 사람이 생각이나 관념 내지 신체나 어느 부분에 마음을 두고 생각하는 것을 털어버려, 본래 머문 바 없는 본처에 돌아가게 하고자 해중의 수레를 분해하는 말을 들고 나왔다. 이 생각과 육체가 분산되어 없어지고 또한 마음이 일체에 머무른 바 없는 본지가 드러날 때 그 작용 영능이 어떠할까? 여기서는 이것을 밝히고 있다. 월암은 묻고 무문이 명쾌하게 대답하고 있다.
7) 機輪 : 일체에서 훤칠히 벗어난 마음의 놀라운 작용을, 기륜이라는 수레 아닌 마음 수레로 풀이하여 밝히고 있다.
8) 四維 : 동서남북 사방의 사이에 있는 간방을 말한다. 이에 본시 사방과 그 사이의 간방을 더하면 팔방이 되고, 거기에 또 상하방을 더하면 十方으로 자유자재한 기륜의 활동상을 보인다.

제9칙
대통지승불(大通智勝佛)[1]

興陽讓和尙因僧問: "大通智勝佛, 十劫坐道場, 佛法不現前, 不得成佛道時如何?"

讓曰: "其問甚諦當."

僧云: "旣是坐道場, 爲甚麼不得成佛道?"

讓曰: "爲伊不成佛."

無門曰: "只許老胡知, 不許老胡會. 凡夫若知, 卽是聖人 ; 聖人若會, 卽是凡夫."

---

1) 大通智勝佛: 『法華經』의 「化城喩品」을 인용한 대문. 이 대문에 나오는 경의 기술은 다음과 같다.
   '대통지승불의 壽는 540억 那由他劫이다. 이 부처님이 도량에 앉아 마군을 파하고, 아뇩다라삼먁삼보리를 얻고자 하였으되 불법이 현전하지 않았다. 이리하여 1소겁 내지 10소겁을 가부좌하고 앉아 심신을 동하지 않으셨지만 諸佛의 法은 나타나지 않았다.'

頌曰 : 了身何似了心休,
　　　 了得心兮身不愁.
　　　 若也身心俱了了,
　　　 神仙何必更封侯?

홍양양(興陽讓)²⁾스님께 한 수행자가 여쭈었다.

"대통지승불(大通智勝佛)³⁾이 10겁(劫)⁴⁾ 동안을 도량(道場)에 앉아 있었어도 불법이 현전하지 않아 성불하지 못했을 때, 어떻게 해야 합니까?"

스님께서 대답하였다.

"너의 질문이 너무나 분명한 것을 묻는구나!"

수행자가 다시 물었다.

"이미 도량에 앉아 있거늘 어찌하여 성불하지 못합니까?"

---

2) 興陽讓(814~?) : 仰宗의 종사. 百丈懷海―潙山靈祐―仰山慧寂―南塔光涌―芭蕉慧淸―興陽淸讓

3) 大通智勝 : 이 공안에 대한 臨濟의 설이 있다. 아래를 참고하라.
   '大通이라 함은 자기가 일체처에서 유상·무상의 만법에 통달한 것을 말한 것이요, 智勝이라 함은 일체처에 처하여 의심 없고 또한 한 법도 얻은 바 없음을 말한 것이요, 부처라 함은 마음이 청정한 데서 오는 광명이 법계를 사무쳐 막힘이 없음을 말하는 것이고, 10겁 동안 도량에 앉았다 함은 10바라밀이 이것이고, 불법이 나타나지 않았다 함은 부처가 다시 부처가 될 수 없다는 것이다.'

4) 劫 : 劫簸(kalpa). 기나긴 시간의 단위.

"(대통지승불)저가 성불하려 하지 않기 때문이다"고 하였다.

무문이 평한다.
다만 노호(老胡 : 대통지승불)5)의 아는 것[知 : 반야]6)은 허락하나 노호의 (상대적인) 이해[會 : 분별]7)는 허락하지 않겠다. 범부도 알았으면[知 : 반야], 곧 성인이 되느니라. 비록 성인이라도 (상대로) 이해[會]한 것이라면 이는 곧 범부라.

송으로 이른다.
몸으로 (요달함이) 마치느니8) 어찌 마음을 요달하여 (쉬는 것) 마치느니만 같으리.
마음을 요달하면 몸 걱정 없거니와
만약 몸과 마음을 함께 요달하였다면
신선이나 봉후(封侯 : 부처)가 (따로) 필요하랴.9)

---

5) 老胡 : 호는 중국인이 인도인에 대한 통칭. 여기의 노호는 대통지승불을 가리킨다.(달마라는 설도 있다.)
6) 아는 것 : 여기의 아는 것[知]은 般若의 智, 즉 根本智를 말하는 것, 단순한 知解가 아니다.
7) 이해 : 이해하고 통달하는 後得智.
8) 몸으로 마치다 : 결가부좌하고 10겁을 앉는 것 같은 것.
9) 신선 봉후 : 신묘한 덕을 갖춘 신선에게 벼슬은 무엇하며, 자신이 본래 부처인 사람에게 부처고, 조사고 하는 칭호는 무엇할까?

제10칙

청세의 외롭고 가난함[清稅孤貧]

曹山和尙因僧問云:"淸稅孤貧, 乞師賑濟."

山云:"稅闍梨!" 稅應諾.

山曰:"靑原白家酒三盞, 喫了猶道未沾唇."

無門曰:"淸稅輸機, 是何心行? 曹山具眼, 深辨來機. 然雖如是, 且道那裏是稅闍梨喫酒處?"

頌曰: 貧似范丹,

氣如項羽,

活計雖無,

敢與鬪富.

조산(曹山)[1]스님께 한 수행자가 와서 물었다.

"스님이시여, 이 청세(淸稅)는 외롭고 또한 가난합니다.[2] 도와주십시오."

조산스님이,

"세(稅) 사리(闍梨)![3]여!"

"네."

"청원(靑原)[4]의 백가(白家 : 백씨 집)의 술을 석[5] 잔이나 마시고도 다시 입술에도 안 적셨다고 하느냐!"라고 말했다.

무문이 평한다.

청세가 기틀[心機]을 숨긴 것은 이 무슨 심사냐?

조산은 안목[法眼]을 갖추어 단번에 그의 속심을 판단하네!

비록 그렇다 하나, 어떤 곳이 '(청세)세 사리'가 술 마신 곳

---

1) 曹山 : 법명은 本寂, 속성은 黃씨, 泉州 蒲田 사람. 洞山良价의 법을 이었다. 曹洞宗은 동산·조산에서 비롯한다. 그의 법계보는, 六祖慧能―靑原行思―石頭希遷―藥山惟儼―雲嚴曇晟―洞山良价―曹山本寂으로 이어진다.
2) 외롭고 가난 : 부모가 없다거나 먹을 것이 없는 가난이 아님은 물론이다. 번뇌도 없고 깨침도 없고 더불어 짝할 것도 없는 필경 乾坤獨步를 말하고 있다.
3) 闍梨 : 阿闍梨(ācārya)의 준말. 제자에게 바른 행을 가르치는 규범사. 일반적으로는 師僧의 호칭, 여기서는 가볍게 존칭어로 쓰고 있다.
4) 청원 : 지명. 청원의 백씨네 집은 양조의 명문인 듯.
5) 술 석 잔 : 가난을 호소한 청세에게 도리어 술이고 밥이고 잔뜩 먹은 놈이라 한 곳이 어느 곳인가 살필 일이다.

인가 말하여 봐라.

송으로 이른다.
가난하기는 범단(范丹)6)과 흡사하고
기개는 항우(項羽)7)와 같구나.
비록 살아갈 길이 없다 하나
부(富 : 法)를 석숭(石崇 : 조산스님)8)과도 다투네.

---

6) 范丹 : 范冉이라고도 쓴다. 자는 史雲, 후한 桓帝 때 사람. 가난을 양식 삼아 살면서도 평생을 안연한 가난의 대표적 인물.
7) 項羽 : 漢高祖와 천하를 다투던 호걸.
8) 石崇 : 晉나라 때 王愷와 부를 다퉈 이겼다는 부자. 조산의 무진보장을 말한다. 청세 또한 이에 못지않아 그와 부를 다툰다.

제11칙

조주, 암주를 시험하다[州勘庵主]

趙州到一庵主處, 問:"有麽? 有麽?"

主豎起拳頭.

州云:"水淺不是泊舡處." 便行.

又到一庵主處,

云:"有麽? 有麽?"

主亦豎起拳頭.

州云:"能縱能奪, 能殺能活." 便作禮.

無門曰:"一般豎起拳頭, 爲甚麽肯一箇不肯一箇?

　　　　且道訛在甚處? 若向者裏下得一轉語, 便見趙州舌頭無骨, 扶起放倒, 得大自在.

　　　　雖然如是, 爭奈趙州卻被二庵主勘破.

　　　　若道二庵主有優劣, 未具參學眼;若道無優劣, 亦未具參學眼."

頌曰 : 眼流星,

　　　機掣電,

　　　殺人刀,

　　　活人劒.

조주스님께서 어떤 스님이 계시는 암자에 가서
"계십니까[有麼]1), 계십니까?" 하고 물었다.
암주스님이 주먹을 치켜들었다.
조주스님은 "이곳은 물이 얕아서 배를 댈 수 없군!" 하고 가 버렸다.
또 다른 암주스님에게 가서
"계십니까? 계십니까?" 하고 물었다.
이곳 암주스님도 주먹을 치켜들었다.
조주스님 말하기를
"능히 놓아주기도 하고 능히 빼앗기도 하며[能縱能奪], 능히 살리기도 하고 능히 죽이기도 함[能殺能活]을 자재하는구나!"

---

1) 있느냐 : 在麼와 다르다. 너에게 가진 것이 있느냐 하는 말인데, 그러나 공부인에게는 在麼도 같은 뜻으로 들린다.

하고 절하였다.

　무문이 평한다.
　주먹을 치켜들기는 매한가지인데
　어찌하여 하나는 긍정하고 다른 하나는 불긍하는가?
　자, 일러 봐라. 문제점이 어느 곳에 있는가?
　만약 이곳에 한마디 내릴 수 있다면,
　곧 조주의 변설이 얼마나 거침없어, 혹은 붙들어 일으키고,
　혹은 내동댕이치는 대자재 도리를 얻은 것을 가히 볼 것이다.
　비록 그렇기는 해도, 조주가 도리어 두 암주에게 간파당하였음을 어찌하랴!
　만약 두 암주 사이에 우열이 있다고 하면 아직 참선 학도의 안목이 없다 할 것이요,
　우열이 없다 하더라도 역시 참선 학도의 안목이 없다 할 것이다.

　송으로 이른다.
　눈[眼目 : 깨달은 사람의 눈]은 유성(流星 : 흐르는 별)과 (신속함)같고
　기틀[機 : 지혜 작용]은 번개치듯 하는구나.

혹은 살인도(殺人刀),
혹은 활인검(活人劍)이라.[2]

---

[2] 이 頌은 암주의 주먹에 대한 조주의 평가를 노래한다. 같은 주먹인데 그 속에서 殺活[죽임과 살림]을 보는 것은 조주의 機用이다.

제12칙
서암, 주인공을 부르다[巖喚主人]

瑞巖彦和尙每日自喚主人公, 復自應諾, 乃云:"惺惺著!"
"喏!""他時異日莫受人瞞!""喏!喏!"

無門曰:"瑞巖老子自買自賣, 弄出許多神頭鬼面. 何故聻?
　　　一箇喚底, 一箇應底, 一箇惺惺底, 一箇不受人瞞底. 認
　　　著依前還不是!
　　　若也傚他, 總是野狐見解."

頌曰:學道之人不識眞,
　　　只爲從前認識神.
　　　無量劫來生死本,
　　　癡人喚作本來人.

서암언(瑞巖彦)[1]스님은 매일 혼자서 자신을 향해

"주인공(主人公)아![2]" 하고 부르고는

"네!" 하고 대답하고, 다시 말하기를 "정신차려라.[3] 뒷날 남에게 속지 마라."

"네, 네" 하였다.

무문이 평한다.

서암노장은 스스로 사고 스스로 팔면서 한바탕 신두귀면(神頭鬼面)[4]의 광대놀이를 벌이는구나! 이는 도대체 무슨 까닭일까?

하나는 부르는 놈, 하나는 대답하는 놈, 하나는 정신 차리는 놈, 하나는 남에게 속지 않는 놈, 만약 이들을 (알고 보면) 인정한다면 그는 여전히 범견이니 저[5]의 뜻은 모르는 것. 더욱이

---

1) 瑞巖: 이름은 師彦, 台州 丹丘의 서암산에 머물렀다. 巖頭의 법을 이었다. 생존 연대는 분명치 않으나 암두 입적이 887년이므로 그 전후인 듯함. 그의 법계보는, 靑原行思―石頭希遷―天皇道悟―龍潭崇信―德山宣鑑―巖頭全豁(827~887)―瑞巖師彦으로 이어진다.
2) 주인공: 사람마다 본래 갖추어 있는 妙明心・眞如・佛性 또는 如來藏心이라고도 한다. 선이 진리의 주체적 파악에 있으므로 진실 주인공의 파악이 기본 방식이 된다.
3) 정신 차려라[惺之著]: 번뇌에 물들지 않은 본래 마음의 말끔한 상태, 절대 주체의 靈性 발현.
4) 神頭鬼面: 가면극을 연상한다. 부르는 놈, 대답하는 놈, 정신차리는 놈, 속지 않는 놈, 이 모두가 광대놀이의 가면이다.
5) 저: 서암화상.

저를 흉내 낸다면 이들은 모두가 여우의 견해다.[6)]

송[7)]으로 이른다.
도를 배우는 자가 참[眞][8)]을 모름은,
이는 다만 종래의 식신(識神)[9)]을 그릇 인정하기 때문이다.
이것은 무량겁을 내려오며 생사의 근본이 되거늘,
어리석은 자들은 이것을 주인공으로 삼는다.

---

6) 여우 견해 : 실지가 없는 속이는 견해. 즉 서암을 흉내 내는 것은 가면을 빌어 쓰고 사람을 속이는 짓이다.
7) 이 頌은 長沙景岑의 偈를 빌려온 것임.
8) 참 : 진심·본심·주인공.
9) 識神 : 본성·본심이 아닌 망념의식. 이 식신을 본성, 참 자기나 주인공으로 착각하는 데서 생사윤회는 계속된다.

제13칙

덕산탁발(德山托鉢)

德山一日托鉢下堂,

見雪峰, [峰]問: "者老漢! 鐘未鳴, 鼓未響, 托鉢向甚處去?" 山便回方丈.

峰擧似巖頭. 頭云: "大小德山未會末後句."

山聞, 令侍者喚巖頭來, 問曰: "汝不肯老僧那?"

巖頭密啓其意. 山乃休去. 明日陞座, 果與尋常不同.

巖頭至僧堂前, 拊掌大笑云: "且喜得老漢會末後句, 他後天下人不奈伊何."

無門曰: "若是末後句, 巖頭・德山俱未夢見在. 撿點將來, 好似一棚傀儡."

頌曰: 識得最初句,

便會末後句.
末後與最初,
不是者一句.

  덕산1)스님께서 어느 날 발우를 들고 식당으로 내려갔다. 이를 본 설봉(雪峰)2)이 "이 노장이 종도 아직 치지 않았고 북도 아직 울리지3) 않았는데 발우를 들고 어디를 가는가!" 하니 덕산스님은 곧 방장(方丈)4)으로 되돌아갔다.

---

1) 덕산(782~865) : 이름 宣鑑, 蜀[四川省] 劍南 사람, 속성 周씨. 항상 『금강경』을 講하여 周金剛이라 부른다. 龍潭禪師를 만나 깨치고 법을 이었다. 한 마디 일러도 30방, 이르지 못해도 30방으로 유명한 방망이 宗師. 당 무종의 불법 沙汰(845) 후 德山禪院에서 크게 敎化. 여기 나오는 덕산탁발 話도 德山禪院에 있을 때의 일로 『五燈會元』에는 좀더 상세하다. '설봉이 덕산에서 飯頭[밥을 짓는 책임]를 맡았는데 하루는 식사 준비가 좀 늦었다. 덕산이 발우를 들고 법당에서 나왔다. 설봉이 해주를 말리다가 이를 보고……'가 있고, 다시 끝에 '비록 그렇기는 하나 명(命)이 다만 3년밖에 없다 하였는데 과연 덕산은 3년 후에 示滅하였다'로 되어 있다. 이로 보면 이 당시 덕산은 81세가 된다.

    靑原行思─石頭希遷─天皇道悟─龍潭崇信─德山宣鑑─┬─巖頭全豁
                                                         └─雪峰義存

2) 설봉(822~890) : 이름은 義存, 속성은 曾씨, 泉州 南安 사람.
'投子에 세 번 洞山에 아홉 번'의 말이 있듯이 총림의 明師를 찾아서 각고 정진, 마침내 덕산을 만나 법을 이었다. 늦게 象骨山에 들어가 많은 龍象大德을 배출, 중국 선종 발전에 커다란 기여를 하였다.
3) 종·북 : 총림에서는 대중의 식사 시각을 북과 종을 울려서 알린다.
4) 方丈 : 1장 사방의 방의 뜻인데, 방장실 또는 장실이라고도 한다. 총림의

설봉이 이 일을 암두(巖頭)⁵⁾에게 말하였다. 암두는 말하기를 "천하 노덕(老德)인 덕산스님께서 아직도 마지막 한 구(句)⁶⁾를 몰랐구나!" 하였다. 덕산스님이 이 말을 듣고 시자(侍者)⁷⁾를 시켜 암두를 불러와 물었다.

"너는 노승을 불긍(不肯)⁸⁾하느냐?"

암두가 살며시 덕산스님의 귀에다 제 뜻을 말하니 덕산스님은 그 후 아무 말이 없었다.

덕산스님이 다음날, 법당에 올라 설법하는데 과연 평상시와 같지 않았다.

암두가 승당 앞에 와서 손뼉을 치고 크게 웃으며 말하기를 "다행이다. 노장이 마지막 한 구를 알았으니…….

이제부터는 천하의 누구도 우리 노장을 어찌하지 못할 것이다" 하였다.

주지실·종사실을 말함. 維摩의 방이 사방 1장인 데서 유래한 것인데 지금은 총림의 宗師를 방장이라 하고 있다.
5) 巖頭(827~887) : 이름은 全豁, 복건성 泉州 사람, 속성은 柯씨. 설봉과 함께 덕산 문하의 2대 신족. 당시 덕산 문하에서 知客 소임을 보았고 덕산의 법을 이은 후 洞庭湖 곁의 와룡산 唐年山에서 교화.
6) 마지막 句 : 우리 종문에서도 末後句로 통한다. 선문 구극의 格外超絶의 경계.
7) 侍者 : 장로의 좌우에서 시중드는 자.
8) 不肯 : 법을 인정하지 않음.

무문이 평한다.

만약 이것이 마지막 한 구[末後句]라면 암두도 덕산도 그들은 이 한 구를 꿈에도 못 보았다고 하겠다. 자세히 점검하니 그들은 영락없는 한 무대의 꼭두각시 한 쌍의 (인형)괴뢰9)로구나!

송으로 이른다.
최초의 한 구를 알았으면
마지막 한 구를 알리라.
그러나 마지막 구와 최초의 구는
이 한 구가 아니다.

---

9) 괴뢰 : 사람이 줄로 조종하는 허수아비 인형. 과연 어떤 것이 괴뢰인가 착안할 일이다.

제14칙
남전이 고양이를 베다[南泉斬猫]

南泉和尙東西兩堂爭貓兒, 泉乃提起云:"大衆! 道得卽救, 道不得卽斬卻也."

衆無對, 泉遂斬之. 晚, 趙州外歸, 泉擧似州, 州乃脫履安頭上而出, 泉云:"子若在, 卽救得貓兒."

無門曰:"且道趙州頂草鞋意作麼生?

    若向者裏下得一轉語, 便見南泉令不虛行; 其或未然, 險."

頌曰:趙州若在,

    倒行此令,

    奪卻刀子,

    南泉乞命.

남전(南泉)¹⁾스님께서 동서 양당²⁾의 대중이 모여 고양이³⁾를 가운데 놓고 다투는 것을 보시고, 고양이를 잡아 들고서 말하기를 "대중아! 한마디 이르면 이 고양이를 살릴 것이요, 이르지 못하면 죽일 것이다" 하였다. 그러나 대중은 아무도 대꾸하는 사람이 없었다. 남전스님은 마침내 고양이를 칼로 쳤다.

　　그 날 밤, 조주(趙州)가 밖에 외출했다가 돌아왔다. 남전스님이 낮에 있었던 일을 그대로 말하니 조주는 곧 짚신을 벗어 머리에 얹고 밖으로 나갔다. 이를 바라보고 있던 남전스님이 말하였다.

　　"네가 있었던들 그 고양이를 살릴 수 있었을 것을!"

　　무문이 평한다.

---

1) 南泉(748~834) : 이름은 普願, 속성은 王씨, 鄭州 新鄭 사람. 王老師라고도 부름. 마조에 참례하여 법을 이었다. 池陽[池州]에 머물면서 산에서 내려오지 않기 30년, 그동안 크게 道名을 떨쳤다. 조주는 바로 그의 제자. 六祖慧能―南嶽懷讓―馬祖道一―南泉普願
2) 동서 양당 : 총림 僧堂이 양당으로 나뉨. 또는 양당 수좌의 별칭이기도 함.
3) 고양이 : 절에서 축생을 기르는 것은 금기이나 경장을 보호하기 위하여 종래로 용납된다. 여기 논쟁의 중심인 고양이는 단순한 고양이가 아니다. 남전이 평소에 입버릇처럼 『涅槃經』에 '일체중생 모두가 佛性이 있다'라고 한 말에 대하여 '三世諸佛이 있다는 것은 알지 못하나 너구리나 흰 암소가 있다는 말은 들었다'고 한 것으로 보아 고양이를 두고 불성을 논하고 있는 것을 착안하여야 할 것이다.

자, 일러라! 조주가 짚신을 머리에 인 뜻이 무엇인가?

만약 여기에 대하여 한마디 이를 줄 알면 곧 남전의 영(令)[4]이 헛되지 않은 것을 알게 될 것이나, 그렇지 못하다면 위험하리라.[5]

송으로 이른다.
만약 저때에 조주가 있었던들
이 (남전의) 영(令)을 거꾸로 행하였으리.[6]
조주가 덤벼들어 칼을 빼앗으면
(천하의) 남전이라도 애걸복걸 항복할 것을!

---

4) 남전의 令 : 남전이 대중에게 한 말이나, 고양이를 칼로 친 것 등이 남전이 내린 범할 수 없는 법의 令이다.
5) 위험하다 : 조심하라는 뜻이다. 남전이 잡은 칼이 고양이만을 내려친 것이 아니다. 한마디 이르지 못한 대중에게 간 칼이기 때문이다.
6) 거꾸로 향하다 : 남전이 칼을 쥐고 고양이를 친 것을 거꾸로 행한다는 말이니 남전의 칼을 빼앗아 남전을 치고 대중을 친다는 것.

제15칙

동산의 삼돈방[洞山三頓]

雲門因洞山參次,

門問曰: "近離甚處?"

山云: "査渡."

門曰: "夏在甚處?"

山云: "湖南報慈."

門曰: "幾時離彼?"

山云: "八月二十五."

門曰: "放汝三頓棒."

山至明日卻上問訊: "昨日蒙和尙放三頓棒, 不知過在甚麽處?"

門曰: "飯袋子! 江西·湖南便恁麼去." 山於此大悟.

無門曰: "雲門當時便與本分草料, 使洞山別有生機一路, 家門不致寂寥.

一夜在是非海裏著到, 直待天明再來, 又與他注破. 洞山直下悟去, 未是性燥.

且問諸人:洞山三頓棒合喫不合喫?

若道合喫, 草木叢林皆合喫棒;若道不合喫, 雲門又成誑語.

向者裏明得, 方與洞山出一口氣."

頌曰:獅子教兒迷子訣,

擬前跳躑早翻身.

無端再鉢當頭著,

前箭猶輕後箭深.

운문(雲門)[1]스님께 동산(洞山)[2]이 참례하였을 때, 운문스님이 물었다.

"어디에서 떠나왔느냐?"

동산이 대답하였다.

---

1) 雲門(864~949):법명은 文偃, 姑蘇 嘉興사람, 속성은 張씨. 운문종의 始祖가 된다. 처음 睦州 陳尊宿에 참례하여 깨치고 雪峰의 법을 이었다. 운문은 선종 사상 너무나 유명한 『無門關』 48칙 중 5칙과, 『碧岩錄』 1백칙 중 18칙이 운문에 관한 機緣이다. 그의 법계보는, 青原行思—石頭希遷—天皇道悟—龍潭崇信—德山宣鑑—雪峰義存—雲門文偃—洞山守初로 이어진다.
2) 洞山(910~990):이름은 守初, 운문의 제자. 讓州 동산이라 하여 筠州의 洞山, 즉 洞山良价선사와 구별한다. 陝西의 鳳翔 사람. 동산 麻三斤 기연이 뒤에 보인다[18칙].

"사도(査渡)에서 왔습니다."

"여름3)에는 어디에서 지냈느냐?"

"호남(湖南)의 보자사(報慈寺)에서 지냈습니다."

"언제 거기서 떠났느냐?"

"8월 25일입니다."

"너에게 삼돈방(三頓棒)4)을 내릴 것을 용서해 준다."

동산이 물러갔다.

다음날, 동산은 다시 운문스님께 문안드렸다. 그리고 물었다.

"어제는 스님께서 3돈방을 용서하여 주셨습니다마는, 저의 허물이 무엇인지 모르겠습니다."

운문스님이 말하였다.

"이 밥통, 멀리 강서(江西)와 호남으로 잘도 쏘다녔구나!"

동산이 이 말 아래 크게 깨쳤다.

무문이 말한다.

---

3) 여름안거 : 夏安居. 음력 4월 15일부터 7월 15일까지의 定住修行. 세존 당시 인도의 우기[雨季] 동안의 정주수행에서 온 것. 우리나라에서도 이 기간 수행자들이 일체 禁足하고 좌선에 전념한다. 북방에는 겨울안거도 있다.
4) 三頓棒 : 1돈방은 방망이 20방을 말한다. '放汝三頓棒'을 세 번 내리쳤다고 보는 견해도 있으나 전후 문장으로 보아 따를 수 없다.

운문이 저때에 (깨닫도록) 본분(本分)의 (법문)초료(草料)⁵⁾를 주었던들, 동산은 활기⁶⁾ 있는 길을 찾아서, 가문이 적료(寂廖)⁷⁾ 하지 않았을 것이다.

동산은 하룻밤을 시비의 구렁텅이⁸⁾에 빠져 꼼짝 못하다가 날이 밝자 다시 운문을 찾아갔다. 운문은 찾아온 동산을 위하여 잔소리⁹⁾를 달았다. 이때에 동산이 곧바로 깨치기는 하였으나, 이것을 아직은 영리한¹⁰⁾ 자라고 할 수는 없다.

자! 여러분에게 묻겠다. 동산이 3돈방을 맞았어야 했겠는가, 안 맞았어야 했겠는가? 만약 맞아야 한다면 산천초목 모두가 방망이를 맞아야 할 것이요, 만약 안 맞아야 한다면 운문이 사

---

5) 本分草料 : 본분이라 하면 말과 생각을 여읜 깨달음을 말하며 초료는 말먹이. 여기서는 사람 마음의 양식을 비유한 것. 5계 10선은 人天의 초료, 4제법은 2승의 초료, 6바라밀다법은 보살의 초료라 하겠으나, 선종에 있어 방망이[棒]나 할[喝] 등이 본분초료다. 여기서는 운문이 방·할 등 본분초료를 주지 아니하고 末分草料를 주었다고 못마땅히 평한다.
6) 活機 : 동산이 운문에게 추종하는 따위가 되지 않고 독자적인 천분 활로를 개척할 것이라는 뜻.
7) 가문적료 : 운문종이 쓸쓸하게 시들지는 않았다. 여기 나오는 洞山守初, 雙泉師寬, 德山緣密, 香林澄遠 등, 39인의 嗣法이 있어 한때는 임제종을 능가한 때도 있었다. 그러나 그 法系는 2백 년으로 끝났으니 적료라 한 것.
8) 시비의 구렁텅이 : 是非海裏. 동산이 자기에게 허물이 있는가 없는가, 있다면 어떤 허물이 있는가 하고 하룻밤을 분별망상하고 고민한 것을 말함.
9) 잔소리 : '이 밥통⋯⋯'의 꾸지람이다. 이것이 실로는 전날의 운문의 기연에 대한 주석이 된다.
10) 영리 : 性燥. 본성이 현전된 것. 조급이 아니다.

람을 속인 헛소리를 한 것이 되고 만다. 이 문제를 분명히 밝힐 수 있는 사람이면 바야흐로 동산과 함께 맥을 통하고 호흡을 같이 할 수 있게 된다.

송으로 이른다.
사자11)가 어린 새끼를 키우는 비결을 보였는데
앞으로 내닫는 듯 뛰더니 벌써 몸을 뒤쳤구나.12)
느닷없이13) 다시 한 수 당두착(當頭著)14)하니
앞 전(箭)15)은 가볍고 뒷전(箭)은 깊구나.

---

11) 사자 : 운문이 3돈방을 내리겠다 한 것을 사자가 새끼를 시험하기 위하여 천 길 낭떠러지에 굴린다는 것에 비유한 것.
12) 이 제2구는 동산이 전날의 3돈방에 굴하지 않고 다시 와서 '내 허물이 무엇이냐?' 하고 물어온 것을 가리킨다.
13) 이 제3구는 '이 밥통!'이라 한 것에 해당.
14) 當頭著 : 머리를 바로 맞았다고 보는 견해도 있으나 여기서는 바둑에 비유한 것. 적을 눌러 나오지 못하게 된 것을 당두착이라 함.
15) 앞 箭 : 3돈방은 앞 번의 화살, 이 밥통 以下는 나중 번의 화살, 여기서는 화살에 비유했다.

제16칙
종소리와 칠조[鍾聲七條]

雲門曰:"世界恁麽廣闊, 因甚向鐘聲裏披七條?"

無門曰:"大凡參禪學道, 切忌隨聲逐色.
縱使聞聲悟道, 見色明心, 也是尋常.
殊不知衲僧家騎聲蓋色, 頭頭上明, 著著上妙.
然雖如是, 且道聲來耳畔? 耳往聲邊? 直饒響寂雙忘, 到此如何話會?
若將耳聽應難會, 眼處聞聲方始親."

頌曰:會則事同一家,

　　　　不會萬別千差;不會事同一家, 會則萬別千差.

운문스님[1]이 말씀하셨다.

---

1) 운문: 바로 앞 제15칙에 나왔음. 文偃 선사.

"세계는 이와 같이 광활하다.[2] 왜, 너희들은 종소리가 들리면 7조 가사[3]를 입고 나서느냐!"

무문이 평한다.

대개 참선하여 도를 배우는 데 있어 가장 꺼리는 것이 소리를 따르고 빛깔을 좇는 것이다.[4] 설사 소리를 듣고 도를 깨치며[5] 빛깔을 보고 마음을 밝혔다[6] 하더라도 이것은 보통 일이지 대단한 것이 못 된다.

더욱이 선승(禪僧)이란 소리를[7] 타고 놀며 빛깔을 뒤덮어 처소(處所)[8]에 밝고 사소(事所)[9]에 묘용(妙用)을 전개하는 것을 알지 못한다.

---

2) 세계광활 : 이 세계란 지구를 말하고 있지 않다. 무한한 시간과 공간, 전 우주, 광대무변한 法身佛을 가리킨 것.
3) 七條袈裟 : 가사(kaṣāya)는 출가승의 法衣. 가사에는 大衣・中衣・少衣의 3종이 있다. 7조는 중의다. 대의는 9조 이상[여기의 종소리는 설법을 알린다. 7조는 청법・예경・포살시에 입음]. 가사에는 위의 有相衣에 無相衣의 의미가 있는 것을 착안해야 한다.
4) 소리와 빛깔은 바깥 경계다. 바깥 경계에 마음이 팔리는 것을 경계한 것.
5) 소리를 듣고 도를 깨친 것은 앞서 향엄선사의 경우가 그 보기다.
6) 靈雲禪師가 복숭아꽃 핀 것을 보고 깨친 경우.
7) 소리나 빛, 즉 바깥 경계에 끌리지 아니하고 주체적으로 이를 부리는 경지.
8) 頭頭物物 : 대하는 것마다 깨닫는 안목이 밝다.
9) 하나하나의 일마다 진리의 산 도리를 굴리는 것. 事事는 著著인데 原義는 바둑의 한 수 한 수의 뜻.

비록 그와 같다 하더라도, 자! 일러 봐라, 소리가 귓전으로 오는 것이냐? 귀가 소리 쪽으로 가는 것이냐? 설사 소리[10]도, 고요함도 함께 잊는다 하더라도 이 사이 도리를 어떻게 설명할 것인가! 만약 귀로 듣는다면 도무지 알 수 없을 것이요, 눈으로 소리를 들었다면[11] 비로소 가깝다고 하리라.

송으로 이른다.
깨달으면 천지가 온통 한 집이요,[12]
깨치지 못하면 천차만별이라.[13]
깨침도 없으면 본래가 한 집이요,[14]
깨친즉 완연히 천차만별이라.[15]

---

10) 바깥 경계도, 안으로 마음도 함께 잊는다는 것은, 경계와 망념을 벗어나 깊은 본심에 착안할 때 경계도 마음도 그대로인 채 精明 일점이 살아난다.
11) 눈으로 소리를 듣는다 함은, 눈·귀·코 등 六根이 서로 통하여 분별을 넘어서 6근에 걸림이 없는 경지의 말이니 이때에는 분별 이전의 주체가 작용하니 시방세계가 온통 자기의 묘용이 된다. 이 구절은 洞山良价가 無情說法의 공안을 깨쳤을 때의 게송의 인용이다.
12) 눈으로 소리를 듣고 경계를 妙用으로 삼아 주체적으로 전개할 때 삼라만상·차별경계도 한 집안처럼 평등하다. 이것을 回互라 함.
13) 그러나 깨치지 못한 때에는, 경계 그대로 山河大地 頭頭物物이 각각 벌어져 천차만별이 된다. 제각기 독립한 장벽에 쌓인 존재다.
14) 여기서는 본래의 경지를 말한다. 이 본래의 경지는 깨치고, 미혹하고에 상관이 없다. 일체중생, 사물이 본래 한 물건일 뿐이니 이곳이 절대평등한 본체의 세계요, 우주의 실상이다. 납승의 안목이 이곳에서 출발한다.

15) 그러나 이것을 현상의 입장에서 말한다면 역시 천차만별 개개가 주체다. 깨치기 전과 도로 같다. 그러나 분명 迷悟가 있는 것이니 무엇이 다를까? 悟에는 막힘이 없다고 억지로 말해 둘까!

제17칙

국사, 세 번 부르다 [國師三喚]

國師三喚侍者, 侍者三應.
國師云: "將謂吾辜負汝, 元來卻是汝辜負吾."

無門曰: "國師三喚, 舌頭墮地 ; 侍者三應, 和光吐出.
國師年老心孤, 按牛頭喫草 ; 侍者未肯承當, 美食不中飽人飡.
且道那裏是他辜負處? 國淸才子貴, 家富小兒嬌."

頌曰 : 鐵枷無孔要人擔,
　　　累及兒孫不等閑.
　　　欲得撐門幷拄戶,
　　　更須赤脚上刀山.

국사(國師)[1], 세 번 시자(侍者)[2]를 불렀다. 시자는 세 번 대

답했다. 국사 말하기를,

"이제까지 내가 너를 저버리는3) 줄 알았더니 원래 네가 나를 저버렸구나!" 하였다.

무문이 평한다.

국사가 세 번이나 부르니 혀[舌]가 땅에 닿았고,4) 시자가 세 번 대답하니 빛과 함께 되어 토해 냈구나!5) 국사가 늙으니6) 마음이 외로워서 소머리[牛頭]를 누르며 억지로 풀을 먹이나 시자는 도리어 받아들이지 않으니7) 원래로8) 배부른 자에게는 성

---

1) 國師 : 南陽慧忠國師(?~775). 속성 冉씨, 절강성 紹興府(越州 諸暨縣) 사람. 6조 혜능 선사의 인가를 받고 제방을 다니다가 남양[河南省] 白崖山 黨子谷에서 40년을 지내고, 당 玄宗・肅宗・代宗의 귀의를 받아 京師[首都]에서 크게 교화하였다. 그래서 국사라 하면 '忠' 국사로 통한다.
2) 侍者 : 오랫동안 국사의 시자를 하고 국사의 심인을 받은 耽源應眞 선사라 함이 고래의 정설, 탐원은 국사 시적 후, 탐원산에 들어가 종시하였다.
3) 배반[辜負]한 곳이 문제의 핵심이다. 국사의 侍者에 대한 지도가 부족했다면 국사의 배반, 국사의 자비를 시자가 몰랐다면 시자의 배반일 것이나, 배반의 의미는 깊은 곳에 있다.
4) 혀가 땅에 떨어졌다면, 혀가 길어 너무 말이 많았다는 뜻. 국사의 넘치는 자비를 가리킨 듯.
5) 和光吐出인데 시자의 세속 일상에 따라 대답한 것은 화광이요, 또한 그 속에 알맹이가 본색을 드러낸 것은 토출이다.
6) 법을 부촉할 제자를 생각한 것. 이때 국사는 백여 세가 된 듯.
7) 시자가 세 번 불러서 세 번 대답한 것이 국사의 참뜻을 모르는 대답이었다면 국사의 뜻을 받아들이지 못한 것이 된다. 그러나 설사 받아들이지 않았다 하더라도 저버린 것이 아니다. 그 뜻이 다음에 밝혀져 있다.

찬도 안 받는 것이다.

그건 그렇고, 자! 일러 봐라. 어떤 곳이 저 시자가⁹⁾ (죄 지은)배반한 곳일까?

나라가 밝으니 어진 이가 고귀해지고, 집안이 부(富)해지니 아이들이 영특하다.¹⁰⁾

송으로 이른다.
구멍 없는 철가(鐵枷)¹¹⁾를 모든 사람에게 짊어지어 놓았으니
그 누(累)¹²⁾는 아손에게 미쳐서 쉴 날이 없구나!
문을 받치고 집¹³⁾을 고이고자 하거든
모름지기 맨발로 칼 산¹⁴⁾에 올라가라.

---

8) 원래로 부족함이 없는 본래의 도리는 명명백백 만인에게 갖추어져 있다. 시자는 이 도리를 알고 대답한 것이니 그에게는 더 주고받을 것이 없게 된다.
9) 저들 : 국사와 시자.
10) 國淸才子貴 家富小兒嬌 : 이 말은 『明心寶鑑』의 고어를 인용한 것.
11) 구멍없는 鐵枷 : 원래 철가는 죄인의 목을 넣는 판자인데, 구멍이 없으면 쓸 수 없다. 아무튼 이것이 목도 들어갈 수 없는 큰 부담거리다. 여기서는 국사의 공안을 가리킨다.
12) 이 國師三喚의 공안은 후세에 많은 조사들의 논란을 일으켰으며 두고두고 문제삼게 되었다.
13) 여기에서 문이나 집이란 佛祖正傳의 宗門・宗號를 말한 것.
14) 칼산 : 칼을 거꾸로 숲처럼 세워 산이 되었다는 도산지옥을 가리킴인데 여기서는 고행을 참아 이겨 나가야 한다는 뜻을 강조한다.

제18칙

동산의 삼 세 근[洞山三斤]

洞山和尙因僧問:"如何是佛?"
山云:"麻三斤."

無門曰:"洞山老人參得些蚌蛤禪, 纔開兩片, 露出肝腸.
然雖如是, 且道向甚處見洞山?"

頌曰: 突出麻三斤,
　　　　言親意更親.
　　　　來說是非者,
　　　　便是是非人.

동산스님1)께 한 수행자가 물었다.

---

1) 동산화상 : 동산선사(앞의 제15칙 참조)를 말함.

"어떤 것이 부처입니까?"

동산스님이 대답하였다.

"삼[麻] 세 근[三斤]이니라."

무문이 평한다.

동산노인은 조개[蛤子] 참선2)을 하여서 입만 조금 열어도 간장(肝腸)이 드러나는구나!

비록 그렇기는 하나 어떤 곳에서 동산을 보았는가? 자, 일러봐라.3)

송으로 이른다.

불쑥 내민 삼 세 근4)이

말은 친절하고, 뜻은 더욱 간절하다.

이러쿵저러쿵 말하는 자는

그 자가 바로 시비꾼이다.5)

---

2) 조개는 어떤 종류든 입만 벌리면 뱃속이 들여다보인다. 동산의 간단한 한 마디에서 동산의 진면목이 완전히 드러남을 조개참선이라 한 것.
3) 조개의 내장이 드러나듯, 동산의 면목이 드러났다면 동산의 면모를 말해 보라.
4) '어떤 것이 부처인가?' 하고 물은 데 대하여 '삼 세 근'이라 대답한 것.
5) 동산의 대답이 바로 두말할 수 없는 절대적이며 全性的인 실물을 정면으로 드러냈다면, 이에 대하여 혀를 대는 자는 동산을 보지 못한 자, 相對의 구렁에서 헤매는 자다. 이것들이 시비꾼이다.

제19칙
평상심이 도(道)이다 [平常是道]

南泉因趙州問:"如何是道?"

泉云:"平常心是道."

州云:"還可趣向否?"

泉云:"擬向卽乖."

州云:"不擬, 爭知是道?"

泉云:"道不屬知, 不屬不知.

　　　知是妄覺, 不知是無記.

　　　若眞達不擬之道, 猶如太虛, 廓然洞豁, 豈可强是非也?"

　　　州於言下頓悟.

無門曰:"南泉被趙州發問, 直得瓦解氷消, 分疏不下.

　　　趙州縱饒悟去, 更參三十年始得."

頌曰 : 春有百花秋有月,
　　　　夏有涼風冬有雪.
　　　　若無閑事 掛心頭,
　　　　便是人間好時節.

남전(南泉)스님께 조주가 물었다.[1]
"어떠한 것이 도(道)입니까?"
남전스님이 대답하였다.
"평상(平常) 마음[2], 이것이 도이니라."
조주가 다시 물었다.
"그러면 닦아 나아갈 방향이 있습니까?"
"향하고자 하기만 하여도, 어긋나느니라."
그래도 조주는 의심이 나는 듯 다시 물었다.
"닦지 않는다면 어떻게 도를 알겠습니까?"
이에 남전스님은 자세히 설명하였다.

---

1) 남전보원(앞의 제14칙에 나온다). 조주는 從諗선사. 이 문답은 조주가 아직 사미 시절인 듯. 조주는 이 일이 있은 후, 곧 戒를 받았다.
2) 조주는 높은 도를 물었으나 남전의 대답은 아주 낮다. '잠시도 떠나지 아니하고, 또한 떠날 수 없는 마음'을 대한다. 평상심에 대하여 馬祖는 다음과 같이 말한다. '지음도 없고, 옳고 그름도 없고 잡거나 버릴 수도 없고, 항상 있다거나 끊은 듯이 없는 것도 아니며, 평범하지도 특별한 것도 아니다.'

"도는 아는 데 속한 것이 아니며 알지 못하는 데 속한 것도 아니니라.3)

안다는 것은 망령된 지각(知覺)이요, 알지 못한다 함은 이것이 무기(無記)4)니라.

만약 참으로 의심이 없는 도5)에 사무쳤다면 마치 허공이 시원스럽게 탁— 터진 것과 같으니 어찌 구태여 말로 다투랴."

조주는 이 말 아래 깨쳤다.

무문이 평한다.

남전은 조주에게 질문당하고서 면목6)없게 되고 설명도 통하지 않는다. 여기서 조주가 비록 깨쳤다 하나 다시 30년은 더 참선하여야 하리라.

송으로 이른다.

---

3) 道不屬知, 道不屬不知. 이 구절은 지각의 경계로 헤아릴 수 없음을 밝힌다.
4) 無記 : 혼수상태와 같이 마음에 하등의 선악에 대한 판단을 못하는 것. 본시 무기는 성품이 善·不善으로 논할 수 없는 것을 말하는 것이나 여기서는 지각의 부정으로 쓰고 있다.
5) 도는 의심할 여지없는 너무나 명백한 현실적 전개다. 이를 상대화하여 논할 수 없다 하여 의심한다면 이는 아직 도에 이르지 못한 자다.
6) 瓦解氷消. 기와가 풀어지고, 얼음이 녹아 버렸다 함은 남전이 간절히 타이른 것이 도리어 남전의 면목도 크게 망쳤고, 또한 그러한 구질구질한 말로도 설명이 되는 것도 아닌 것이다. 그래서 '分疎不下'다.

1)

봄에는 백화난만, 가을엔 달,

여름에는 시원한 바람, 겨울에는 눈 있으니,

부질없는 생각7) 마음에 안 두면

이때가 인생의 좋은시절8)이라.

2)

봄에는 꽃피고 가을에는 달 밝고

여름에는 바람불고 겨울에는 눈 내리니

쓸데없는 생각만 마음에 두지 않으면

언제나 한결같이 좋은 시절일세. (石鼎 譯 참조)

---

7) 이곳이 이 頌의 안목이다. 봄의 꽃, 가을의 달, 여름의 바람, 겨울의 흰 눈. 여기에 이러쿵저러쿵 잡념을 붙이지 않고 사량분별 없이 천지풍광을 대하지 못한다면 평상심과는 상관없다.
8) 마음이 비어 깨친 자취도 없이 밝을 때, 이때가 인생의 호시절. 나날[日日]이 좋은 날이요, 일일[事事]이 好事라.

제20칙
큰 역량이 있는 사람[大力量人]

松源和尙云:"大力量人因甚擡脚不起?"
又云:"開口不在舌頭上."

無門曰:"松源可謂傾腸倒腹, 只是欠人承當.
　　　　縱饒直下承當, 正好來無門處喫痛棒. 何故聻?
　　　　要識眞金火裏看."

頌曰: 擡脚踏翻香水海,
　　　低頭俯視四禪天.
　　　一箇渾身無處著,
　　　請續一句.

송원(松源)[1]스님께서 말하였다.

"(지혜와 자비)큰 역량 있는 사람이 어찌하여 발을 들어 일어서지 못하느냐?2)"

또 이르기를 "(지혜와 자비 있는 사람이)말한다는 것은 혀[舌]뿌리에 있는 것이 아니다" 하였다.

무문이 평한다.

송원은 가히 배3)를 열고 창자를 내어 보였다고 할 만하다. 그러나 어찌하랴! 아무도 알아볼 사람이 없구나. 설령 알아보는 사람이 있더라도 마땅히 이 무문에게 와서 된 방망이를 맞아야 할 것이다. 어떤 까닭일까? 진금(眞金)인가를 알고자 하면 불 속에 던져 보면 된다.

---

1) 松源(1132~1202): 거의 이 책의 편자인 무문과 동시대의 인물이다. 浙江 處州사람. 거사로서 제방 장로에 참방하여 단련하고 33세에 출가. 密庵傑의 법을 이었다. 臨濟義玄…五祖法演—圜悟克勤—虎丘紹隆—應庵曇華—密庵咸傑—松源崇嶽
2) <松源三轉語> 중 여기에서는 제1·제2만 인용한 것. 제3은 '눈 밝은 납자 어찌하여 발밑의 紅絲線을 끊지 않느냐?' 하는 것인데 이 제3에 대하여는 송원설이 아니라는 주장이 있다. 제1은 선가의 向上을 지적한 것. 즉 대장부의 기량을 능히 가지고 어찌하여 禪堂에 주저앉아 있기만 하느냐? 제2는 向下, 즉 化他를 보인 것. 선가에 있어 설법한다는 것은 문자나 이론 밖의 것이니 결코 입으로 설하는 것이 아니다.
3) 숨김없이 모두를 드러내어 보였다는 뜻. 송원이 후일을 위하여 곡진한 자비를 베푼 것을 인정한다.

송4)으로 이른다.

발을 들어서 향수해(香水海)를 밟아 뒤집고
머리를 숙여서 사선천(四禪天)을 굽어본다.
이 한 몸5)을 둘 곳이 없으니
바라노니 다음 한 구(句)를 계속하라.

---

4) 이 송은 앞의 송원화상이 '대역량인이 어찌하여 일어서지 못하느냐?' 한 데 대하여 무문이 '대역량인은 이렇다' 함을 보이고 있다. 고대 인도의 '수미산설'에 이 세계는 수미산을 중심으로 9山8海가 있다고 하는데, 이 중 7海가 향수해, 대역량이 발을 들어 향수해를 뒤엎는다는 것. 4禪天은 色界를 말한 것. 욕심이 끊이고 禪定을 즐기는 중생[天人]이 사는 세계. 여기에 선정의 정도에 따라 初禪·2선·3선·4선으로 나뉘는데 이 모두를 4선천이라 한다.
5) 세계를 뛰어넘고 천상 밖에 노니는 이 한 몸을 어느 곳에 둘 것인가 말해 보라는 것. 이 한 몸이 곧 대역량을 발휘하는 주체가 된다.

제21칙
운문의 똥막대기 [雲門屎橛]

雲門因僧問:"如何是佛?"
門云:"乾屎橛."

無門曰:"雲門可謂家貧難辨素食, 事忙不及草書,
    動便將屎橛來撐門拄戶, 佛法興衰可見."

頌曰: 閃電光,
    擊石火,
    眨得眼,
    已蹉過.

운문(雲門)¹⁾스님께 한 수행자가 물었다.

---

1) 雲門: 文偃禪師.

"어떤 것이 불(佛)입니까?"

운문스님이 대답하였다.

"마른 똥막대기²)니라."

무문이 평한다.

운문은 가세가 가난³)하여 소식(素食)조차 차리기 어려웠고, 일이 바쁘니 초서(草書)조차 끼적거릴 겨를이 없었다고 할 만하다. 그러나 이 뜻을 모르는 자들이 자칫하면 이 똥막대기를 들고 나와서 (禪家의) 문을 괴고 집을 받치니 불법흥쇠(佛法興衰)를 가히 알 만하다.⁴)

송으로 이른다.

번갯불⁵)이 번쩍이고

---

2) 똥막대기 : 우리나라에는 없다. 고대 중국에 있었던 것. 용변 후 지금의 화장지처럼 밑을 둥근 막대기에 문질렀다 한다.
3) 운문의 대답이 直截根源하여 조금도 허술한 틈이 없는 것을 가난, 또는 바쁜 것에 비유하고 있다.
4) 운문은 사량 없이 진품을 토론하였는데 뒷사람이 말을 따라 겉 흉내를 내고, 또한 똥막대기에 대하여 생각을 붙이고 이것이 불법이거니 생각한다면 불법의 앞날이 처량하다는 것. 문을 괸다 함은 禪門·宗門을 유지한다는 뜻.
5) 운문의 대답이 번갯불이 번쩍이듯, 털끝만큼도 商量의 여지가 없다. 이곳은 아무리 오묘한 말이나 생각으로도 어른거릴 수 없다. '눈 깜짝'이라 한 것이 이 뜻이다.

돌을 쳐서 불똥 튄다.
눈만 깜짝하여도
이미 어긋났느니.

제22칙
가섭의 찰간[迦葉刹竿]

迦葉因阿難問云:"世尊傳金襴袈裟外, 別傳何物?"
葉喚云:"阿難!" 難應諾. 葉云:"倒卻門前刹竿著."

無門曰:"若向者裏下得一轉語親切,
　　　　便見靈山一會儼然未散;其或未然, 毘婆尸佛早留心,
　　　　直至而今不得妙."

頌曰:問處何如答處親?
　　　幾人於此眼生筋?
　　　兄呼弟應揚家醜,
　　　不屬陰陽別是春.

가섭1)존자에게 아난(阿難)2)존자가 물었다.

"세존이 스님에게 금란가사(金襴袈裟)3) 외에 따로 전하신 것이 무엇입니까?"

가섭존자가 "아난!"4) 하고 불렀다.

아난존자가 "네!" 하고 대답하니 가섭존자는 말하였다.

"문 앞 찰간(刹竿)5)을 쓰러뜨려라."

무문이 평한다.

만약 이 사이에 친절6)한 말 한마디를 할 수 있는 사람이면 그 사람은 곧 영산(靈山)회상7)이 아직도 흩어지지 않고 엄연히

---

1) 가섭 : 앞에 나온 마하가섭[제6칙 참조].
2) 阿難(Ananda) : 부처님 10대 제자 중 총명의 多聞 제1로 꼽힌다. '아난다'로 불러야 한다. 歡喜·慶喜로 번역. 세존의 從弟로 출가하여 세존 말년까지 약 25년 동안 세존의 시자가 되었다. 제1회 佛典結集 時에 頌出하였다.
3) 金襴袈裟 : 세존께서 가섭에게 전하신 가사. 이는 法의 信表, 세존께서 전하신 법은 어떤 것이냐의 문제가 본칙의 핵심.
4) '아난!' 하고 부르고, '네!' 하고 대답한 곳을 등한히 넘기지 말아야 할 일이다.
5) 刹竿 : 法要가 있는 것을 알리는 장대. 옛날 인도에서 논쟁이 있을 때 사람을 모으기 위하여 세웠다고 함. 지금도 절 앞에 찰간을 세우던 찰간대가 도처에 있다. 그러나 우리의 찰간은 일종의 게양대이다.
6) 친절 : 친분이 짙다는 뜻이 아니다. 진리와 적합하고 빈틈이 없는 의미에서 진리와 거리가 없이 가까운 것을 禪門에서 친절이라 한다.
7) 영산회상 : 세존이 법을 설하고 또한 가섭이 미소하여 불법 전체를 드러냈던 저 시절을 말하고 있으나, 실제는 人人個個의 本來面目의 현전을 가리키고 있다.

현존하고 있음을 볼 것이거니와 만약 그렇지 못하면 비록 일찍이 비바시불8) 때부터 지금에 이르도록 (수행해도)마음을 두어 보더라도 묘한 도리는 얻지 못할 것이다.

송으로 이른다.
묻기는 어찌 답함보다 친절하지 못할까?9)
여기에 몇 사람이 활안(活眼)10)을 얻었으랴!
형이 부르고 아우가 대답하여 집안 비밀11) 털어놓으니
이곳은 음양12)에 상관없는 또 하나의 봄이라.

---

8) 비파시불 : Vipasyin의 音寫, 뜻은 淨觀, 勝觀. 과거 7불 중 최초의 불. 여기서는 과거의 시초를 지적한 것. 대개 이 대문을 비파시불을 주격으로 하여 비파시불이 일찍 발심했어도 지금껏 得道 못한 것으로 보는 견해도 있으나 이는 잘못이라고 본다.
9) 아난존자가 묻고 가섭존자가 대답한 이 사이에 친·불친이 있었던가를 살피게 한다.
10) 活眼 : 밝은 안목. 眼生筋에 대하여 이설이 있다. 혹은 의혹 眼花·凝視설이 있으나 여기서는 깊이 살피고 노력하여 '산 안목'을 굴리게 되는 것으로 본다.
11) 얻을 수 없고 전할 수 없는 이 묘한 도리는 밖에서는 넘겨보지 못하는 것이라. '집안에 숨길 허물[家醜]'로 표현하나, 실로는 정법안장·열반묘심이라 하는 불가의 家寶를 만천하에 드러내어 흔들어 보여 천기를 누설한 추태를 부렸다고 무문은 욕하면서 동시에 칭찬한다.
12) 不屬陰陽 : 춘하추동의 계절 변화는 음과 양의 교환이라 하나, 이 도리는 이런 음양과 상관없는 이른바 劫 밖의 봄소식이라는 뜻.

제23칙
선도 악도 생각지 마라[不思善惡]

六祖因明上座趁至大庾嶺, 祖見明至, 卽擲衣鉢於石上,

云:"此衣表信, 可力爭耶? 任君將去."

明遂擧之, 如山不動, 踟躕悚慄,

明曰:"我來求法, 非爲衣也. 願行者開示."

祖云:"不思善, 不思惡, 正與麽時, 那箇是明上座本來面目?"

明當下大悟, 遍體汗流, 泣淚作禮,

問曰:"上來密語密意外, 還更有意旨否?"

祖曰:"我今爲汝說者, 卽非密也. 汝若返照自己面目, 密却在汝邊."

明云:"某甲雖在黃梅隨衆, 實未省自己面目.

今蒙指授入處, 如人飮水, 冷暖自知. 今行者卽是某甲師也."

祖云:"汝若如是, 則吾與汝同師黃梅. 善自護持!"

無門曰:"六祖可謂是事出急家, 老婆心切.

譬如新荔支剝了殼, 去了核, 送在你口裏, 只要你嚥一嚥."

頌曰 : 描不成兮畫不就,

贊不及兮休生受.

本來面目沒處藏,

世界壞時渠不朽.

육조(六祖)¹⁾를 쫓아서 명상좌(明上座)²⁾는 대유령까지 왔다. 육조는 명이 오는 것을 보고, 곧 의발(衣鉢)을 길가 돌 위에 내어놓고 말했다.

"이 옷은 신(信)의 표시다. 어찌 힘으로 다툴까 보냐! 네 마음대로 가져가라."

명이 의발을 움켜들고자 하였으나 꿈쩍도 하지 않았다. 명은

---

1) 六祖(638~713) : 禪門의 달마로부터 제6대 祖師. 이름은 慧能. 중국 禪宗의 大成者로 꼽힌다. 五祖인 弘忍大師의 法을 이었다. 그의 법어집을 『六祖法寶壇經』이라 한다. 법을 이은 제자에 南嶽懷讓・靑原行思・南陽慧忠 등, 기라성 같은 40여 명의 明眼이 있다. 육조가 五祖會下의 무식한 신참행자로서 오조의 법을 받아 남쪽으로 향하니, 그때의 대중이 의발을 빼앗고자 일제히 그의 뒤를 쫓았다. 그래서 여기 大庾嶺까지 오게 되고 가장 빨리 쫓아온 사람이 여기에 나오는 명상좌다.
2) 明上座 : 蒙山道明이다. 속성 陳씨. 出家前 4품 장군 출신. 육조를 쫓는데도 역시 가장 빨랐다. 상좌는 선림에서 평승의 통칭이기도 하나 제1좌 首座의 의미로도 쓰인다. 본시 출가 후 9夏까지를 하좌, 19까지를 중좌, 그 이상 40하까지를 상좌, 그 이상은 耆宿이라 구분하였다 한다.

너무 놀라고 당황하여 부들부들 떨었다. 그리고 말하였다.

"제가 여기 온 것은 옷을 빼앗으러 온 것이 아닙니다. 법을 구하러 왔습니다. 행자3)이시여, 저에게 법을 가르쳐 주십시오."

육조가 말하였다. "선(善)4)도 생각하지 않고 악(惡)도 생각하지 않는다. 바로 이때, 어떤 것이 명상좌 그대의 본래면목인가?"

이에 명이 크게 깨치니 온몸에 땀이 흘렀다. 눈물을 흘리며 절을 하고 다시 물었다. "지금 보이신 비밀의 말씀과 비밀한 뜻 외에 다시 비밀한 깊은 법이 있습니까?"

육조가 말하였다.

"내 이제 너를 위하여 말한 것은 비밀이 아니다. 네가 만약 자기면목을 반조(返照)하면 비밀한 이치는 도리어 너에게 있을 것이다."

"저는 이제까지 황매회상에서 대중과 함께 공부하였사오나 참으로 아직도 자기면목을 살피지 못했는데 이제야 가르침을 받아 비로소 알았습니다. 이것은 물을 마셔보면 물의 차고 더

---

3) 行者 : 보통 출가하여 아직 계를 받지 않은 수행자를 일컬음. 그러나 佛道를 수행하는 모든 사람을 일컬음. 여기서 행자는 육조가 그때까지 행자의 신분이었음을 말하고 있음. 뒤에 印宗스님을 만나서 智光律師에게 戒를 받았다.
4) 明上座가 법을 청하니 육조가 말한다. "네가 이미 법을 위하여 왔을진대 모든 인연을 다 쉬고 한 생각도 내지 말라." 그런 다음 한참만에 이 이하의 不思善 不思惡의 법문이 계속된다.

움을 스스로 아는 것과 같습니다. 행자님은 이제부터 저의 스승이십니다."

육조가 말하였다.

"만약 네가 그렇다면 너는 나와 함께 황매를 스승으로 섬기게 되었다. 앞으로 잘 두호하고 지내거라."

무문이 평한다.

육조는 가히 급한 곳[5]에 손을 썼고 또한 노파심이 간절하다. 마치 신선한 (과일)여지(荔支)의 껍질을 벗기고 씨앗을 빼서 입에 넣어 주어 먹게 한 것과 같구나!

송[6]으로 이른다.

(본래면목) 그릴 수도 없고 그림도 안 되고

찬양으로도 못 미치니 부질없는 고생은 그만두라.

---

5) 급한 곳 : 여기에 이설이 있다. 그러나 명상좌가 허겁지겁 의발을 잡으려 하다가 의발이 움직이지 않자 매우 당황하고 크게 뉘우쳐 법을 가르쳐 달라고 태도를 바꿀 때, 육조가 이른 법은 참으로 적절하고 묘를 다한 처리다. 참으로 급한 곳에 적절히 손을 써서 起死回生시킨 것이 된다.

6) 이 송은 온통 본래면목에 대한 讚이다. 불성·법성·열반묘심 또는 실상·本地風光 등의 본래면목은 여러 이름으로 불리지만 이는 만질 수도, 또한 버릴 수도 없는 절대적 실제며 주체적 실존이다. 이를 무엇이라고 형용하려 해도 그는 객체화될 수 없으니 이렇게도 저렇게도, 형용도, 말도, 생각으로도 미칠 수 없다. 여기서 무문의 송이 나온다.

본래면목은 감출 곳이 없으니
세계가 허물어질 때도 그는 변치 않는다.

제24칙

말을 떠나다[離脚語言]

風穴和尙因僧問:"語默涉離微, 如何通不犯?"
穴云:"長憶江南三月裏, 鷓鴣啼處百花香."

無門曰:"風穴機如掣電, 得路便行. 爭奈坐前人舌頭不斷!
若向者裏見得親切, 自有出身之路. 且離卻語言三昧,
道將一句來."

頌曰:不露風骨句,
　　　未語先分付.
　　　進步口喃喃,
　　　知君大罔措.

풍혈(風穴)1)스님께 한 수행자가 물었다.

"말을 하든 (침묵)잠잠하든 이미(離微)2)에 떨어지니 어떻게 하면 범하지3) 않음을 통할 수 있습니까?"

풍혈스님이 대답하였다.

"내 항상 강남의 3월을 생각하노라면, 자고새는 우짖으며 백화는 향기롭다."

무문이 평한다.

풍혈의 기(機)4)는 마치 번개치듯이 날쌔게 길을 잡아 날아간다. 그러나 어찌하여 (옛)앞사람5)의 혀뿌리를 끊지 않고 놓아두는가. 만약 이 사이 도리를 친절히 볼 수 있으면 스스로 살아날 길이 있을 것이다. 그건 그렇고 말재주를 떠나서 한 말 일러 봐라.

---

1) 風穴(896~973) : 절강성 항주 출신, 속성 劉씨. 宋初의 禪僧, 南院慧顒의 법을 이었다. 汝州 풍혈사・廣慧寺에서 교화. 南嶽懷讓……臨濟義玄―興化存獎―南院慧顒―風穴延沼
2) 離微 : 僧肇가 지은 『寶藏論』에 나오는 말. 법의 본체를 중심으로 하여 세간・분별・명상을 여의고[離], 법[眞如]의 본체에 들어감[入]은 離이며, 진여에서 나와[出] 인연・현상・경계로 나옴[出]은 微라 한다. 그러므로 '이미'는 출입이며 語默이며 有無다. 말하는 것은 出・微이며, 默은 入이며 離가 된다.
3) 범한다는 것은, 진여 자체에서 벗어났다는 말.
4) 禪機 : 본심의 활동, 그 작용.
5) 여기서 앞사람이란, 승조의 글을 들고 나온 스님을 가리킨다.

송6)으로 이른다.

풍류가의 시구(詩句)를 빌지 않고
말문 열기 전에 벌써 털어놓았네.
동서를 쏘다니며 말재간을 부린들
그대는 아무 소용없는 줄 알게나.7)

---

6) '풍혈은 말이나 詩句를 떠나서 벌써 본지풍광을 다 드러냈고 이미 법을 부촉까지 하였다. 스님과 문답을 하였으나 풍혈은 말이 없으니 이미 스님 내지 승조와 일체 말과 이론을 즐기는 자의 혀뿌리를 끊어 놓았다' 하는 것이 이 송의 前 2구의 뜻이다. 그러므로 앞의 평에서는 스님을 누르고 여기 송에서는 추켜올리는 무문의 솜씨가 보인다.
7) 여기 2구는 풍혈에게 물은 스님에 대한 말.

제25칙
삼좌(三座)의 설법[三座說法]

仰山和尙夢見往彌勒所, 安第三座.

有一尊者白槌云:"今日當第三座說法."

山乃起, 白槌云:"摩訶衍法, 離四句, 絶百非. 諦聽! 諦聽!"

無門曰:"且道是說法不說法?

　　　　開口卽失, 閉口又喪, 不開不閉, 十萬八千."

頌曰: 白日靑天,

　　　夢中說夢.

　　　捏怪捏怪,

　　　誑諕一衆.

앙산(仰山)¹⁾스님이 꿈에 미륵보살²⁾ 회상에 갔더니 제3좌³⁾에

앉게 되었다. 그때 한 존자가 망치4)를 치고 말하기를 "오늘은 제3좌의 설법 차례입니다" 하였다. 앙산이 일어나 망치를 치고 말하였다.

"마하연법5)은 사구(四句)를 여의고 백비(百非)6)가 끊겼으니 자세히 살피고 자세히 들어라."

무문이 평한다.

일러 봐라. 이것이 설법한 것이냐? 안한 것이냐? 입을 열면 잃고,7) 입을 닫으면 죽으며, 열지도 않고 닫지도 않는다 하여도 10

---

1) 仰山(815~891) : 潙山과 함께 禪門 潙仰宗의 開祖. 속성 葉씨. 광동성 韶州 회화 사람. 당대의 으뜸 禪僧으로 불교적 천성이 뛰어난 일화가 많다. 그의 법계보는 南嶽懷讓―馬祖道――百丈懷海―潙山靈祐―仰山慧寂으로 이어졌다. 본칙이 말과 이론이 없는 지극한 도리에 대하여 말하고 있으나 여기서 문제는 야기된다.
2) 彌勒(Maitreya) : 이름은 阿逸多. 세존의 교화를 받아 미래에 성불하리라는 授記를 받고 현재 도솔천에서 天人을 교화한다. 사바세계 龍華樹 아래에서 설법하여 석가세존의 교화에서 빠진 나머지 모든 중생을 제도하므로 용화회상·미륵존불·미래불로서 신앙된다.
3) 제3좌 : 상석에서 셋째의 자리. 『五燈會元』을 위시한 다른 모든 기록에는 제2좌로 기록되어 있다.
4) 白槌 : 대중에게 法要 등을 알리기 위한 신호의 도구.
5) 마하연법[Mahāyāna 摩訶衍那] : 大乘法.
6) 四句百非 : 변증법의 한 형식. 4구는 定立[有], 反定立[空], 肯定綜合[亦有亦空], 否定綜合[非有非空], 백비는 근본 사구를 세분한 것으로 일체의 언어표현을 말하는 것.
7) 앙산의 진의, 즉 진실법과 어긋난다는 뜻.

만8천 리다.

   송[8]으로 이른다.
   청천백일 밝은 낮에
   꿈속에서 다시 꿈 이야기를 하네.
   망측하고 망측하다
   세상사람 속이는구나.

---

8) 이 송에서 무문은 본래 무사하여 가히 한 법도 설한 바 없고, 몽환이니, 진실이니, 깨달음이니를 둘 여지가 없는 본지풍광에서 입을 연다. 여기서는 마하연법부터가 꿈이며 다시 거기에 주각을 단 것은 꿈 가운데 꿈 이야기일밖에 없다.

제26칙

두 스님이 발을 말아 올리다 [二僧卷簾]

淸凉大法眼, 因僧齋前上參, 眼以手指簾.
時有二僧同去卷簾,
眼曰 : "一得一失."

無門曰 : "且道是誰得誰失?
若向者裏著得一隻眼, 便知淸凉國師敗闕處.
然雖如是, 切忌向得失裏商量."

頌曰 : 卷起明明徹太空,
太空猶未合吾宗.
爭似從空都放下,
綿綿密密不通風?

청량(淸凉) 대법안(大法眼)¹⁾스님은 (점심 공양)재시²⁾ 전에 (상당설법)상참하였다.

법안스님께서 손으로 문에 걸려 있는 염(簾)을 가리켰다.

그때 두 수행자가 함께 일어나 발을 말아 올렸다.

법안스님은

"하나는 얻고 하나는 잃었다"고 말하였다.

무문이 평한다.

자! 일러 봐라. 누가 얻고 누가 잃었는가? 만약 이 도리에 (안목)일척안(一隻眼)을 얻으면 곧 바로 청량국사의 잘못된 곳을 알아내리라. 그러나 비록 그렇다 하더라도 부디 얻었느니, 잃었느니에 대하여 (헤아려 : 사량분별)상량해서는 아니 된다.

송으로 이른다.

말아 올리니³⁾ 밝고 밝아 태공(太空)에 사무치나

태공도 오히려 나의 뜻[宗]에 맞지 않네.⁴⁾

---

1) 청량법안(885~958) : 唐代의 禪僧으로 법안종의 개조. 속성 魯씨, 법명 文益. 餘杭사람, 地藏院 桂琛禪師의 법을 이었다. 그의 법계보는 靑原行思…德山宣鑒―雪峰義存―玄沙師備―地藏桂琛―法眼文益으로 이어졌다.
2) 정오의 식사 때.
3) 발을 말아 올린 것이 일체 차별의 발을 철폐한 것에서 이 송이 시작이다.
4) 차별이 없어 허공에 한 물건도 없듯 절대 평등의 경계가 불법의 뜻은 아

어찌하여 태허공마저 모두 다 놓아 버려
빈틈없이 면밀하여 바람조차 안 통하게 함만 같으리.5)

니라는 것.
5) 대지도 허공도 삼라만상도 다시 바람도, 실로 對待가 아니니, 一如齊平의
 허공도 놓아버린 무문의 안목을 이곳에서 보여준다.

제27칙

마음도 부처도 아닌 것[不是心佛]

南泉和尙因僧問云:"還有不與人說底法麼?"

泉云:"有."

僧云:"如何是不與人說底法?"

泉云:"不是心, 不是佛, 不是物."

無門曰:"南泉被者一問, 直得揣盡家私, 郎當不少."

頌曰: 叮嚀損君德,

　　　無言眞有功,

　　　任從滄海變,

　　　終不爲君通.

남전(南泉)[1]스님께 한 수행자가 물었다.

"이제까지 사람에게 설하지 않은 법이 있습니까?"[2)]
남전스님이 대답하였다.
"있다."
"어떤 것이 이제까지 설하지 않은 법입니까?"
"마음도 아니고 부처도 아니고 물건도 아닌 것이니라."

무문이 평한다.
남전이 이 한 질문을 받고 자기 살림살이를 모두 털어놓으니 실로 낭패가 이만저만이 아니다.

송으로 이른다.
친절이 도리어 군자의 덕을 다치니[損]
말문을 닫았던들 참 공덕이 되었을 것을
바다가 변하여 육지가 되더라도
나는 결코 그대에게 말하지 않으리.[3)]

---

1) 南泉 : 普願. 앞의 제14칙에 나옴.
2) 이제까지 佛祖께서 설하지 않은 법이 있느냐는 말은 세존 설법 49년 동안 8만4천 법문에 잡히지 않은 법이 있느냐는 말이다. 그러나 법은 설하는 것이 아니다. 설하지 않은 것이 아니라 설하지 못한 것이다. 남전은 여기서 설하지 못한 법을 말한다.
3) 남전의 친절이 지나쳐 많은 말을 한 것이 도리어 종사의 덕을 잃었다는 것.

제28칙
용담의 메아리가 오래 울리다[久響龍潭]

龍潭因德山請益抵夜,

潭云:"夜深, 子何不下去?"

山遂珍重, 揭簾而出, 見外面黑, 卻回,

云:"外面黑." 潭乃點紙燭度與, 山擬接, 潭便吹滅, 山於此忽然有省, 便作禮.

潭云:"子見箇甚麼道理?"

山云:"某甲從今日去, 不疑天下老和尙舌頭也."

至明日, 龍潭陞堂云:"可中有箇漢, 牙如劒樹, 口似血盆, 一棒打不回頭, 他時異日向孤峰頂上立吾道在."

山遂取疏抄於法堂前, 將一炬火提起,

云:"窮諸玄辨, 若一毫致於太虛; 竭世樞機, 似一滴投於巨壑."

將疏抄便燒, 於是禮辭.

無門曰："德山未出關時，心憤憤，口悱悱，得得來南方，要滅卻教外別傳之旨.

及到澧州路上，問婆子買點心，

婆云："大德車子內是甚麼文字?"

山云："『金剛經抄疏』."

婆云："只如經中道過去心不可得，見在心不可得，未來心不可得，大德要點那箇心?" 德山被者一問，直得口似匾擔. 然雖如是，未肯向婆子句下死卻.

遂問婆子："近處有甚麼宗師?"

婆云："五里外有龍潭和尙."

及到龍潭，納盡敗闕，可謂是前言之應後語.

龍潭大似憐兒不覺醜，見他有些子火種，郎忙將惡水驀頭一澆澆殺.

冷地看來，一場好笑.

頌曰：聞名不如見面，

見面不如聞名.

雖然救得鼻孔，

爭奈瞎卻眼睛.

용담¹⁾스님께 덕산(德山)²⁾이 법문을 청하여 듣다가 밤이 깊었다.

용담스님이 말하였다.

"밤이 이미 깊었으니 그만 돌아가게."

덕산이 인사를 드리고 발을 거두고 나오니 밖은 캄캄하여 칠야다.

다시 돌아서며, "밖이 어둡습니다" 하니,

용담스님은 지촉(紙燭)에 불을 붙여 내어준다.

덕산이 공손히 손을 내어 받으려 하는데, 용담스님은 촛불을 입으로 "훅!" 불어 껐다. 이 찰나에 덕산은 홀연히 깨치고 곧 용담스님께 절을 하였다.

용담스님이 말하였다.

"그대가 지금 무슨 도리를 보았는가?"

덕산이 말하였다.

"저는 이제부터 결코 천하 노화상의 말씀을 의심하지 않겠습니다."

날이 밝아 다음날, 용담스님이 법상(法床)에 올라가 대중에

---

1) 용담 : 생존연대 미상. 덕산의 연대로 미루어 짐작. 그의 법계보는 靑原行思―石頭希遷―天皇道悟―龍潭崇信―德山宣鑑으로 이어진다.
2) 德山: 宣鑑禪師. 앞의 제13칙 덕산탁발 참조. 덕산이 처음 선문에 입참한 기연이 본칙이다. 덕산의 연령 37세(918년)쯤으로 짐작된다.

게 말하였다.

"이 가운데 한 사람[3]이 있는데 귀[耳]는 칼을 세운 것 같고 입은 피를 담은 쟁반 같으며, 방망이로 후려쳐도 머리조차 까딱 않으니 이놈이 뒷날에 고봉[4] 정상에서 나의 도를 세워 나갈 것이다."

이날 덕산은 경[5]의 소초(疏抄)를 꺼내어 법당 앞에 쌓아 놓고, 손에 횃불을 치켜들고 소리쳤다.

"비록 모든 지극한 도리를 통달하였다 하더라도 이것은 허공에 터럭 하나를 놓은 것에 불과하며, 세간의 요긴한 곳을 모두 다 잡았다 하더라도 이것은 물 한 방울을 큰 산에 부딪친 것과 무엇이 다르랴!"[6] 하고, 소초에 불을 질러 태워버리고 용담을 하직하였다.

무문이 평한다.

덕산이 고향을 떠나기 전, 마음에는 (분심)성이 가득하고, 입

---

3) 덕산의 대장부상을 칭찬하며 인가 공포한다.
4) 뛰어난 경지. 이곳은 불조도 넘겨보지 못한다.
5) 『金剛經』의 주해본이다.
6) 이 대문이 덕산이 말과 문자에 매여 있던 자기에 대한 葬送文이며 禪門에 대한 降書며, 고향에서 나올 때 큰소리를 친 데 대한 結句다. 본시 덕산은 강학자로서 경교 말씀을 무시한 듯하는 '卽心是佛'이니, '성품을 보아 단번에 성불한다'는 禪門外道를 토벌한다고 호언장담하고 떠나왔던 것이다.

은 매양 비쭉대며, 의기양양 남방으로 내려가 교(敎) 밖에 따로 전했다는 선문(禪門)을 없애버리겠다고 작심했다. 길을 나서더니 풍주(灃州) 길가에 이르러 한 노파에게서 점심을 사 먹게 되었다.

노파가 말하기를 "대덕의 등에 진 것이 무슨 글이요?" 한다.
"금강경(金剛經) 소초요"라고 덕산이 대답했다.
다시 노파가 물었다.

"그 경 가운데 과거심7)도 잡을 수 없고, 현재심도 잡을 수 없고, 미래심도 잡을 수 없다고 하였는데, 대덕은 지금 어느 마음에 점을 찍고자 하시오?"

덕산은 이 한 물음을 당하여 아무 대꾸도 못하였다. 비록 난감하였으나 아직 노파 말에 기가 꺾여 주저앉지는 않았다. 덕산이 다시 물었다.

"이 근처에 선종의 선승이 있습니까?"
"5리 밖에 용담스님이 계십니다."
이에 덕산은 용담에게 가서 여지없이 참배하였으니 덕산이 길

---

7) 『金剛經』 제18분[一體同觀分], 부처님이 수보리에게 말씀하셨다.
'저 국토 중에 있는 모든 중생의 약간의 마음이라도 여래가 다 아시나니 여래가 말하는 모든 마음이 다 마음이 아니요, 그 이름이 마음이니 어찌한 까닭이랴. 수보리야, 과거심도 얻을 수 없으며 현재심도 얻을 수 없으며 미래심도 얻을 수 없기 때문이니라.'

떠나기 전의 말과 용담에게 와서 한 말과는 너무나 엉뚱하다.

용담은 마치 어린 것이 귀여워 그의 추한 곳을 깨닫지 못하듯이 덕산에게서 약간의 불씨[火種]⁸⁾를 발견하고는 당황하여 구정물⁹⁾을 머리 위에 들이부어 단번에 짓밟았다. 이제 찬찬히 살펴보니 모두가 한바탕의 웃음거리다.

송10)으로 이른다.
이름을 들으니 얼굴을 대함만 같지 못하고
얼굴을 보느니 이름을 들음만 같지 못하네.
비록 콧구멍은 뚫어 놓았다 하나
눈을 멀리 놓았으니 이를 어찌하랴.

---

8) 불씨 : 약간의 지혜.
9) 구정물[惡水] : 여기서는 용담의 上堂의 말을 가리킨다.
10) 이 송의 제1구는 천하의 호걸로 자신했던 周金剛이라는 별명을 지닌 덕산 자신도 용담에 와서 비로소 정색이 드러났으니 그를 가리켜 한 말. 제2구는 용담도 천하에 그 이름을 울렸으나 덕산을 대하는 것을 보니 별것 없다는 뜻. 제3구 지척의 인연. 제4구의 눈을 멀리 놓았다는 것은 용담이 上堂해서 덕산을 찬한 것을 말한 듯함.

제29칙

바람도 아니고 깃발도 아니다[非風非幡]

六祖因風颺刹幡, 有二僧對論, 一云幡動, 一云風動, 往復曾未契理.
祖云:"不是風動, 不是幡動, 仁者心動." 二僧悚然.

無門曰:"不是風動, 不是幡動, 不是心動, 甚處見祖師?
　　　　若向者裏見得親切, 方知二僧買鐵得金. 祖師忍俊不禁,
　　　　一場漏逗."

頌曰:風幡心動,
　　　一狀領過,
　　　只知開口.
　　　不覺話墮.

육조(六祖)[1]께서 어느 때, 찰간에 달린 번(幡)[2]이 바람에 펄

럭이는 것을 보고 토론을 벌이고 있는 두 스님을 보았다. 한 사람은 번이 움직인다고 하고 또 한 사람은 바람이 움직인다고 하여 서로 다투고 도무지 이치에 닿지 않은 말을 반복했다.

  이에 육조께서 말하였다.

  "이것은 바람이 움직인 것도 아니며 번이 움직인 것도 아니고, 당신들의 마음이 움직인 것입니다."

  이 말을 듣고 두 스님은 깜짝 놀랐다.

무문이 평한다.
이것은 바람이 동한 것도 아니며,
번이 동한 것도 아니며 마음이 동한 것도 아니다.
그렇다면 육조의 뜻을 어떻게 보아야 할 것인가?
이 사이를 향하여 친절하게 도리를 본 사람이 있다면,
그는 바야흐로 두 스님이 쇠[鐵]를 산 것이 금[金]을 얻고,
육조가 활발발한 기운을 억제하지 못하여

---

1) 六祖 : 중국 禪宗 六祖인 慧能祖師. 앞의 제23칙에서 소개함.
2) 幡 : 廣州, 法性寺에서의 일. 이 당시 육조는 五祖인 弘忍大師로부터 法을 받고 몸을 피하여 산중 사냥꾼 틈에 숨어 지내다가 드디어 때가 되었음을 알고, 막 법성사로 몸을 나타낸 때. 법성사는 印宗法師의 회상이었으니 법사는 그가 곧 육조임을 알고 戒를 받게 하고 받들어 모시니, 이 風幡 기연이 六祖出世의 중대한 계기가 된다.

부질없는 누설을 하였음을 알 것이다.

송3)으로 이른다.
동한 것은 '바람이다, 번이다, 마음이다'고 한 것은
모두가 똑같은 죄과로 기록되리.
다만 입을 여는 것만 알고서
말에 떨어진 것은 깨닫지 못하누나!

---

3) 이 송 전부가 육조의 心動에 대한 구설이다. 전 2구에서 육조를 風動幡動하며 서로 다투던 스님들과 똑같은 구렁텅이에 밀어 넣어 놓고 후2구에서 육조의 뜻을 다시 살피게 한다.

제30칙
마음이 곧 부처이다[卽心卽佛]

馬祖因大梅問:"如何是佛?"
祖云:"卽心卽佛."

無門曰:"若能直下領略得去, 著佛衣, 喫佛飯, 說佛話, 行佛行,
 卽是佛也. 然雖如是, 大梅引多少人錯認定盤星. 爭知
 道說箇佛字, 三日漱口?
 若是箇漢, 見說卽心是佛, 掩耳便走."

頌曰:靑天白日,
 切忌尋覓.
 更問如何,
 抱贓叫屈.

마조(馬祖)¹⁾스님께 대매(大梅)²⁾가 물었다.

"어떤 것이 부처[佛]입니까?"

마조스님이 대답하였다.

"마음이 곧 부처이니라."

무문이 평한다.

만약 능히 이 말을 곧 알아듣는다면 부처의 옷을 입고 부처의 밥을 먹고 부처의 말을 하며 부처의 행을 하리니 이 사람은 곧 부처이니라.

비록 그러하기는 하나³⁾ 대매는 많은 사람들을 이끌어 정반성(定盤星)⁴⁾을 잘못 알게 하였으니 그는 어찌 이 한 자(箇佛字)를 말하고 3일 동안 입을 씻어야 한다는 (양치질)것을 알았으

---

1) 馬祖(709~788) : 법명 道一. 속성 馬氏. 사천성 漢州 출신. 南嶽 下 최대의 偉傑. 조사선의 초대 조사. 법을 이은 제자가 백장, 남전 등 139인이나 된다. 법계보는 六祖慧能―南嶽懷讓―馬祖道一―大梅法常으로 이어진다.
2) 大梅(752~839) : 스승 마조가 卽心是佛이라 한 데서 깨치고 大梅山에 들어가 마침내 하산하지 않았는데, 누가 가서 요사이 마조는 非心非佛이라 한다 하니, 대매가 말하기를 "마조는 비심비불이라 하나, 나는 즉심시불이다"라고 하였다고 한다.
3) 대매는 즉심시불을 알았다 하거니와 뒷사람들이 그 참뜻을 모르고 말만 옮기는 것을 경계한다.
4) 정반성(定盤星) : 저울대의 기본이 되는 눈. 여기서는 공부의 표적을 가리킨다.

랴. 만약 참으로 된 놈이라면 마음이 곧 부처라는 말을 듣고는 귀를 막고 천리는 달아났을 것이다.

송으로 이른다.
청천백일 밝은 날에
부질없이 더듬어 헤매지 말라.5)
이에 다시 어떤 것이 부처이냐고 묻는다면
이는 적물(賊物)6)을 안고 억울하다 외침이라.

---

5) 본지풍광을 말한다. '태양은 저물 때가 있어도 이 본지의 평원은 언제나 밝다. 눈앞에 명명백백한 이 도리를 어찌 헤매고 다시 찾아다닐까 보냐?' 라는 것.
6) 贓物 : 도둑질해서 생긴 재물을 부둥켜안고 나는 무죄라 한다는 것.

제31칙
조주, 노파를 감파하다 [趙州勘婆]

趙州因僧問婆子:"臺山路向甚處去?"

婆云:"驀直去." 僧纔行三五步.

婆云:"好箇師僧, 又恁麼去." 後有僧擧似州.

州云:"待我去與你勘過這婆子." 明日便去, 亦如是問, 婆亦如是答.

州歸, 謂衆曰:"臺山婆子, 我與你勘破了也."

無門曰:"婆子只解坐籌帷幄, 要且著賊, 不知趙州老人善用偸營劫塞之機, 又且無大人相. 撿點將來, 二俱有過. 且道那裏是趙州勘破婆子處?"

頌曰:問旣一般,
　　　答亦相似.
　　　飯裏有砂,

泥中有刺.

조주스님께 이런(감파하는) 일이 있었다.
오대산(五臺山)1) 가는 길가의 노파에게 한 수행자가 물었다.
"오대산은 어느 길로 갑니까?"
노파가 대답하였다.
"똑바로 가십시오."2)
수행자가 이 말을 듣고 몇 걸음 걸어가니 뒤에서 노파는 말하였다.
"좋은 스님인데 또 저 모양이로구나!"
한 수행자가 이 일을 조주스님께 말하였다.
조주스님은 "좀 기다려라. 내가 가서 (그 노파를) 감파(勘婆)3)하리라" 하고 다음날 노파에게 갔다. 그리고 또한 (앞의 수행자)전과 같이 물었다. 노파도 전과 같이 그대로 대답하였다. 조주스님은 돌아와 대중에게 말하기를 "내가 너희들을 위

---

1) 오대산 가는 길목 찻집에 한 노파가 있어, 오고가는 禪客을 시험한 듯. 오대산은 台山이라 부르기도 한다. 지금의 山西省 代州에 있는 명산. 5봉이 있고 더위가 미치지 못하여 청량산이라고도 한다. 문수보살 도량이라는 신앙이 있다. 우리나라 강원도의 오대산도 역시 같은 신앙이다.
2) 똑바로 가라[驀直去]는 이 말이 단순한 길을 가리킨 말이 아님을 착안할 것. 바로 종문의 向上一路를 말한 것임.
3) 勘婆 : 정체나 본색을 밝혀냄.

하여 (오대산 노파를) 감파했다"라고 하였다.

무문이 평한다.

노파는 다만 진영 내에 앉아서 계략을 꾸밀 줄은 알아도 도적이 숨어드는 것은 모르는구나. 조주 노인은 적 진영 내에 잠입하여 진지를 격파하는 수완은 훌륭하다. 그러나 어른다운 체통이 없다. 점검하여 보니 둘이 다 허물이 있다 하겠다.

그건 그렇고, 일러 봐라. 어떤 곳이 조주가 (노파를) 감파한 곳인가?

송으로 이른다.
물음4)도 일반과 같고
대답 또한 평상대로나,
그러나 밥에 모래 섞였고
진흙 속에 가시가 들었느니.

---

4) 조주의 물음이 말은 같되, 뜻이 깊은 곳에 있음을 살피게 한다.

제32칙

외도가 부처에게 묻다[外道問佛]

世尊因外道問:"不問有言, 不問無言."

世尊據座. 外道贊歎云:"世尊大慈大悲, 開我迷雲, 令我得入."
乃具禮而去.

阿難尋問佛:"外道有何所證, 贊歎而去?"

世尊云:"如世良馬, 見鞭影而行."

無門曰:"阿難乃佛弟子, 宛不如外道見解.
　　　　且道外道與佛弟子相去多少?"

頌曰: 劍刃上行,
　　　冰稜上走,
　　　不涉階梯,
　　　懸崖撒手.

세존께 한 외도[1]가 물었다.

"유언(有言)[2]을 묻지 않고 무언(無言)을 묻지 않습니다."

이에 세존은 자리를 고쳐 앉으셨다.[3]

외도가 찬탄하기를 "세존은 대자대비하시어 저의 어두운 마음을 열어 주시어 저로 하여금 깨닫게 하셨습니다" 하고 갖추어 예를 드리고 떠나갔다.

이를 본 아난이 세존께 물었다.

"저 외도가 무엇을 깨쳤기에 저렇게 찬탄합니까?"

세존이 말씀하셨다.

"준마(駿馬)는 채찍 그림자만 보고도 달리는 것과 같느니라."[4]

---

1) 외도 : 불교에서 본 인도의 불교 이외의 철학이나 여러 사상과 종교. 세존 당시 96종이 있었다고 한다. 그중 대표적인 것이 6파 철학이다.
2) 有言·無言 : 불교 이외의 모든 철학사상을 대별하면 斷과 常의 2종을 넘지 않는다. 존재를 궁극적으로 부정하고 자아도 만상의 차별도 일체를 부정하는 것은 斷見, 즉 이것이 無言이다. 자아도 영원도 만상의 차별도 이를 인정하는 견해를 常見이라 하는데, 이것이 有言이다. 불교는 이러한 단과 상의 견해로는 알 수 없다. 말과 이론이 붙는 사상은 필경 유언·무언을 넘을 수 없는 것이니, 여기 외도는 지금 이 유무 아닌 것을 물어왔다. 세존은 이에 답한다.
3) 據座인데, 자리를 고쳐 앉을 뿐 말이 없는 것. 이 대문을 『碧巖錄』에는 良久라 하고 있는데 뜻은 같다.
4) 이 대문은 宗門에서 자주 쓰이는데 『雜阿含經』에서 온 말.
"비구에 4馬가 있느니라. 1은 채찍 그림자만 보고도 놀라 주인의 뜻을 따르고, 2는 채찍이 터럭에 닿으면 그제야 놀라서 뛴다. 3은 채찍이 살에 닿아야 뛰고, 4는 뼈와 살에 사무쳐야 비로소 정신 차린다." 여기의 준마

무문이 평한다.

아난은 불제자인데 외도의 견해만도 못하구나.

자 일러 봐라. 외도와 (아난)불제자와의 거리가 얼마인가를?

송5)으로 이른다.

칼날 위를 걷고

살얼음 위를 달리니,

계제(階梯)를 밟지 않고

천 길 벼랑에서 뛰었구나.

는 제1의 비구, 즉 上根大智에 비유한다.
5) 앞 2구는 유언도 무언도 아닌 도리를 묻고 대답하는, 참으로 어려운 고비를 비유했고, 뒤의 2구는 세존의 가르침에 의하여, 외도가 단번에 지견이 열린 것을 평한다. 계제는 불도수행의 단계, 즉 10信·10住·10行·10回向·10地 등 차서를 뜻함. 또 천 길 벼랑에서 뛴다 함은, 일체 유무·사량·분별 등 경계에서 단번에 無位本地에 들어 구극이라는 마지막 진리처에도 머물지 않고 이것마저 박차고 앞으로 나아감을 말하니, 이것은 백척간두에서 허공을 향하여 한 걸음 내디딤이요, 천 길 벼랑에서 두 손 탁 놓고 뛰는 것이다.

제33칙

마음도 아니고 부처도 아니다 [非心非佛]

馬祖因僧問:"如何是佛?"
祖曰:"非心非佛."

無門曰:"若向者裏見得, 參學事畢."

頌曰: 路逢劒客須呈,
　　　不遇詩人莫獻.
　　　逢人且說三分,
　　　未可全施一片.

마조(馬祖)스님께 한 수행자가 물었다.
"어떤 것이 부처[佛]입니까?"
마조스님이 대답하였다.
"마음도 아니고 부처도 아니니라."[1]

무문이 평한다.

만약 이 도리를 알아차린다면, 참선 공부는 이미 다 마친 것이 된다.

송2)으로 이른다.

길에서 검객을 만나거든 검을 꺼내고

시인이 아니거든 시(詩)를 (말하지) 읊지 마라.

사람을 (불법을 말할 때는) 만나더라도 삼분(三分)만 말하고

온전히 모두를 털어놓지 마라.

---

1) 마조가 '마음이 불이다[卽心是佛]' 하니, 참뜻을 모르고 말만 따르므로 이번 물음에는 비심비불이라 한다. 즉심시불은 보통 사람에게 한 말, 비심비불은 즉심시불로 그릇 아는 자의 병을 제하기 위함이니, 다음 문답을 참고할 것이다. 마조에게 묻는다.
"어찌하여 즉심시불이라 하십니까?"
"어린 것이 울 때 달래기 위해서다."
"울음을 그쳤을 때 어떻게 합니까?"
"비심비불이다."
"위 둘을 제한 사람이 오면 어찌하시겠습니까?"
"저에 대해서는 물건도 아니라고 하리라."
여기서 사실상 즉심시불도 비심비불도 아님을 알 것이다.
2) 이 송이 마조의 교화 수단을 평하고 있다. 사람을 보고 법을 설한다. 검은 검객에게, 시는 시인에게 내놓아야 알아본다. 뒤 2구에는 餘白의 妙, 즉 接化하는 사람은 반드시 상대방의 自得의 몫을 남긴다는 것을 설명한다. 3푼은 세 모퉁이[三隅], 즉 4분의 3.

제34칙

지혜는 도가 아니다[智不是道]

南泉云:"心不是佛, 智不是道."

無門曰:"南泉可謂, 老不識羞.
纔開臭口, 家醜外揚.
然雖如是, 知恩者少."

頌曰: 天晴日頭出,
雨下地上濕.
盡情都說了,
只恐信不及.

남전(南泉)[1]스님께서 말하였다.

---

1) 南泉: 普願.

"마음²⁾은 부처가 아니며 지혜³⁾는 도가 아니다."

무문이 평한다.
남전은 (나이가 들어) 좋은 나이에 부끄러움을 모른다고 해야겠다.
잠시 입만 열면 집안의 추문이 마구 튀어나온다.⁴⁾
비록 그러하기는 하나 그의 은혜를 아는 자⁵⁾는 적다.

송⁶⁾으로 이른다.
날이 개니 해가 빛나고
비가 내리니 땅이 윤택하다.
지성 다하여 남김없이 말했으나
다만 듣는 이 믿지 않을까 두렵다.

---

2) 마음 : 관념적인 마음.
3) 지혜 : 여기서는 分別智・근본지의 작용.
4) 종문의 비밀한 뜻을 친절히 털어놓은 것을 말한다.
5) 남전의 친절한 곳을 아는 자가 은혜를 아는 자.
6) 이 송의 앞의 2구는 마음이 부처가 아니고 지혜가 도가 아니라고 말한 남전의 진의를 말하고, 뒤의 2구는 남전의 곡진한 친절을 찬한다.

제35칙
천녀, 혼이 떠나다[倩女離魂]

五祖問僧云:"倩女離魂, 那箇是眞底?"

無門曰:"若向者裏悟得眞底,

便知出殼入殼如宿旅舍; 其或未然, 切莫亂走.

驀然地水火風一散, 如落湯螃蟹, 七手八脚. 那時莫言不道."

頌曰: 雲月是同,

溪山各異.

萬福萬福,

是一是二.

오조(五祖)[1]스님께서 한 수행자에게 물었다.

---

1) 五祖:法演(?~1104), 임제종 양기파의 대종장. 제자에 圜悟 등 20여 명이

"천녀2)가 (몸에서) 혼이 떠났다고 하는데 어느 것이 참된 천녀인가?"

무문이 평한다.

만약 이 사이 속에서 참뜻3)을 깨달으면 곧 몸에서 벗어나고 다시 몸을 받는 것을 마치 나그네가 여관을 드나들 듯 할 것이다.

만약 그러하지 못하더라도 부디 헛되이 되지 마라.4)

홀연 지수화풍(地水火風)5)이 한번 흩어지게 되면

있으며 無門慧開는 그의 5대 法孫. 제방에 다니다가 白雲守端의 법을 받고, 특히 그의 제자들이 송대 선종을 부흥시킨다. 三佛의 한 사람으로 佛果禪師의 문하에서 大慧宗杲가 출현하여 간화선을 대성한다. 湖北의 황매산에서 종풍을 크게 선양, 이 황매산은 禪宗 五祖인 弘忍禪師의 故地이므로 오조산이라 한다. 법계보는, 臨濟義玄…石霜楚圓―楊岐方會―白雲守端―五祖法演…無門慧開로 이어진다.
2) 천녀 : 唐 陳玄祐가 지은 『離魂記』에 나오는 이야기. 당, 측천무후 天授 3년. 衡州에 張鑑이라는 사람에게 천녀라는 여식이 있었는데, 천녀는 서로 좋아하는 王宙라는 남자를 따라가 두 아이를 낳았다. 그 후 집에 돌아오니 집에서는 그동안 정신없이 병상에 누워 있는 또 하나의 천녀가 있다가 그 둘이 만나자 합쳐서 한 몸이 되었다는 줄거리.
3) 불법・참뜻・생사에 걸림이 없는 자재한 도리.
4) 불법의 참뜻을 요달하지 못해도 부디 밖을 향하여 활로를 찾아 헤매지 마라. 마음 밖에서 얻으려고 하는 것은 헛된 일이라 한다.
5) 地水火風 : 육체의 구성 요소. 4大라고도 한다. 4대가 흩어진다 함은 죽음을 의미. 죽음을 당해서는 지식이나 이론 따위는 아무 소용이 없음.

마치 게[蟹]를 뜨거운 물에 던진 것처럼 버둥거릴 뿐일 것이니 그때에 미리 일러 주지 않았다고 말하지 마라.

송6)으로 이른다.
하늘에 둥실 뜬 달은 한가지이나
시내나 산을 따라 각각 다르네.
기쁘다 경사로다
이것이 하나인가 또는 둘인가?

---

6) 이 송의 제1구는 본체를, 2구는 현상을 말한 것이라 하나, 오히려 앞 2구는 實相本地를 노래하고 이를 萬福이라 기뻐하면서 이 도리를 아느냐? 이것이 하나냐, 둘이냐? 하여 참구를 촉구하는 무문의 자비를 보아야 할 듯.

제36칙

길에서 달인을 만나다[路逢達道]

五祖曰:"路逢達道人, 不將語默對, 且道將甚麼對?"

無門曰:"若向者裏對得親切, 不妨慶快; 其或未然, 也須一切處著眼."

頌曰:路逢達道人,

　　　不將語默對,

　　　攔腮劈面拳,

　　　直下會便會.

오조 법연스님께서 말하였다.
"길1)에서 도2)를 얻은 사람과 만났을 때

---

1) 행각길에 나서다.
2) 도를 통달한 선지식.

말3)이나 묵언으로 상대하지 않는다면
자, 일러 봐라! 어떻게 대할 것인가?"

무문이 평한다.
이 사이에서 친절하게 상대할 수 있다면 얼마나 기쁘고 쾌활하겠느냐?
혹 그러하지 못하거든 마땅히 일체처4)에 착안하라.
송으로 이른다.
길에서 도에 밝은 자와 만나거든
말이나 묵언으로 대하지 마라.
턱을 잡고 주먹으로 얼굴을 쳐서
곧 알아보면 그로써 다행이다.

---

3) 『維摩經』「不二法門品」을 참고할 일이다.
   문수사리를 따라간 30인 보살들이 제각기 최상의 지극한 진리에 드는 도리를 말하였는데, 마지막에 문수는 "내 생각으로는 無言・無示・無識하여 일체 문답을 여읨, 이것이 不二法門에 드는 것이 된다"고 말한다. 끝으로 문수가 維摩에게 묻는다. 유마는 다만 默然, 일언반구도 말이 없다. 이에 문수가 칭찬한다. "좋다, 참으로 문자며 언어가 없구나. 이것이 참된 不二에 드는 법문이다."
4) 일체시・일체처・일체생활 속에서 착실히 도를 판단해 가라.

제37칙
뜰 앞의 잣나무 [庭前柏樹]

趙州因僧問:"如何是祖師西來意?"

州云:"庭前柏樹子."

無門曰:"若向趙州答處見得親切, 前無釋迦, 後無彌勒."

頌曰: 言無展事,

　　　語不投機,

　　　承言者喪,

　　　滯句者迷.

조주스님께 한 수행자가 물었다.

"조사가 서쪽에서 온 뜻이 무엇입니까?"[1]

---

1) 조사가 서쪽에서 온 뜻[祖師西來意]이란, 달마대사가 서쪽에서 전하여 온

조주스님이 대답하였다.

"뜰 앞의 잣나무이니라."

무문이 평한다.

만약 조주가 답한 곳을 친절히 볼 수 있다면

앞에 석가(釋迦)도 없고 뒤에 미륵(彌勒)도 없으리라.2)

송3)으로 이른다.

언(言)은 사(事)를 펼[展] 수 없으며

말하는 것으로[語] 기틀[機]에 계합되지 않으니

비밀한 뜻, 즉 불법 心印이란 어떤 것인가를 묻고 있는데 이 공안의 전문은 다음과 같다.
"어떤 것이 조사가 서쪽에서 온 뜻입니까?"
"뜰 앞의 잣나무니라."
"화상이여, 경계를 들어 말씀하지 마소서."
"내가 경계를 들어 말하지 않았느니라."
"어떤 것이 조사가 서쪽에서 온 뜻입니까?"
"뜰 앞의 잣나무니라."
2) 석가도 미륵도 없고, 생도 사도 없고, 얻음도 잃음도 없는 절대자존의 경계라 말해 볼까?
3) 이 게송은 洞山守初의 송을 빌려온 것.
말이 사물이나 상황을 설명하기는 하나 말이 사물이나 상황 자체는 될 수 없다. 문자나 말이 사상을 전달하는 수단이나 방법은 아니다. 그러므로 마음의 기틀을 전하고 계합한다는 것이 말로 될 수 없는 것이다. 여기 제3, 제4구가 말이나 문자에 따르는 것을 경계한다.

말을 따르는 자는 참뜻을 죽이고
글귀에 머물러 있으면 스스로 미혹한다.

제38칙
소가 창살을 지나다 [牛過窓櫺]

五祖曰:"譬如水牯牛過窗櫺, 頭角四蹄都過了, 因甚麼尾巴過不得?"

無門曰:"若向者裏顚倒著得一隻眼, 下得一轉語,

可以上報四恩, 下資三有; 其或未然, 更須照顧尾巴始得."

頌曰: 過去墮坑塹,

回來却被壞,

者些尾巴子,

直是甚奇怪.

오조스님께서 말하였다.

"비유컨대 물소가 창살을 지날 때에 머리와 뿔, 앞발과 뒷발 4족이 모두 지나갔는데 어찌하여 꼬리는 못 지나가는가?"[1]

---

1) 황소가 창살을 지난다는 말은 일찍부터 있었던 듯. 靈源祖師의 '오도기연'

무문이 평한다.

만약 여기에서 한번 마음을 뒤쳐 일척안을 얻고 한마디 말할 수 있다면 가히 위로 사은(四恩)²⁾을 갚고 아래로 삼유(三有)³⁾를 건질 것이다.

만약 그러하지 못하다면 모름지기 다시 물소 꼬리를 향하여 깊이 살펴야 한다.

송⁴⁾으로 이른다.

(물소가 창살을) 지나가면 갱참(坑塹 : 구덩이)에 빠지고

되돌아서면 몸이 부서지네.

이 물소 꼬리

이것이 정말 기괴(奇怪)하구나.

에도 이 말이 보인다. 경의 전거로 여러 설이 있으나 『給孤獨長者女得度因緣經』에 "왕의 꿈에, 큰 코끼리가 조그만 창문을 빠져나오는데, 몸은 나왔는데 꼬리가 창살에 걸려 못나오더라. 이것은 저 부처님께서 열반에 드신 후, 그 유법 중에서 바라문·장자·거사, 또는 남녀들이 권속을 버리고 출가하여 도를 배우는 데 비록 출가는 하였으나 마음이 명리와 세속 일에 탐착하여 벗어나지 못하는 것과 같은 것이다"에서 전용한 듯. 경의 코끼리[大象]는 五祖에서 물소[水牯牛]로 바뀐 듯.

2) 四恩 : 부모·국가·중생·삼보의 은혜.
3) 三有 : 욕계·색계·무색계.
4) 이 송에 대해 이론이 있으나, 제1구는 灰身滅智의 소승적 열반경지에 드는 것을 구렁에 빠지는 것으로 보아서 부정하고, 제2구에서 현실적 세속생활의 긍정을 또한 부정하여 문제의 물소 꼬리를 곧바로 요달할 것을 요구한 무문의 의도로 보아진다.

제39칙
운문의 말에 떨어지다 [雲門話墮]

雲門因僧問:"光明寂照遍河沙." 一句未絶,

門遽曰:"豈不是張拙秀才語?"

僧云:"是."

門云:"話墮也."

後來死心拈云:"且道那裏是者僧話墮處?"

無門曰:"若向者裏見得雲門用處孤危, 者僧因甚話墮,
　　　　　堪與人天爲師;若也未明, 自救不了."

頌曰:急流垂釣,

　　　貪餌者著.

　　　口縫纔開,

　　　性命喪卻.

운문(雲門)[1]스님은 한 수행자가 "광명이 고요히 비추어 온 세계에 두루했다"[2] 하고 글귀를 외기 시작하자, (운문스님이) 갑자기 "그것은 장졸수재(張拙秀才)[3]의 말이 아니냐?" 하였다. 수행자가 "그렇습니다" 하고 대답하니, 운문스님이 말하기를 "말에 떨어졌다"[4]고 하였다.

후에 사심(死心)[5]이 이를 들어 말하기를 "자 일러라. 어떤 곳이 말에 떨어진 곳인가?" 하였다.

무문이 평한다.

---

1) 雲門文偃 : 이 책 제15칙, 제16칙, 제21칙 등에 있음. 禪師.
2) 이 게송은 張拙居士의 게송 제1구. 게송의 전문은 다음과 같다.
　　光明寂照徧河沙　　凡聖含靈共一(我)家
　　一念不生全體現　　六根纔動被雲遮
　　斷除煩惱重增病　　趣向眞如亦是邪
　　隨順世緣無罣礙　　涅槃生死等(是)空華
3) 장졸(860년 전후) : 위 게송은 石霜慶諸禪師를 처음 참례하였을 때 지었다. 석상은 장졸에게 "수재의 성은 무엇인가?" 하였다. 그는 "성은 張이요, 이름은 拙입니다"라고 대답했다. 다시 석상이 "공교로운 것도 얻을 수 없는데 서투름[拙]은 어느 곳에서 구하나?"라고 말하자 언하에 깨치고 석상에게 지어 바친 詩. 法系譜는 靑原行思—石頭希遷—藥山惟儼—道吾圓智—石霜慶諸—張拙秀才로 이어졌다.
4) 話墮 : 실언·과언의 뜻도 있으나 여기서는 말이 가리키는 뜻은 놓치고 말에 걸려 있는 것을 나무란 것.
5) 黃龍死心 : 황룡을 悟新이라고도 한다(1043~1114). 송나라 仁宗 때 韶州의 曲江에서 출생, 속성은 왕씨, 임제종 황룡파의 거장. 법계보는 南嶽懷讓—馬祖道一…臨濟義玄…黃龍慧南—晦堂祖心—黃龍死心이다.

만약 이 속에서 운문의 기틀이 험준하고, 그 출가자가 어찌하여 말에 떨어졌는가를 안다면 이 사람은 인천(人天)의 스승이 될 만하거니와 만약 밝혀내지 못한다면 자기조차도 구제하지 못하리라.

송6)으로 이른다.
급한 여울에 낚시를 드리우니
미끼를 탐하는 자 걸려든다.
입술을 조금 벌리기만 해도
당장에 목숨을 잃으리라.

---

6) 수행자가 묻는 데 대하여 운문이 번개같이 낚아채는 운문의 수완을 송한다. 제1구는 수행자의 물음에 대한 운문의 반문을, 제2구는 수행자가 그렇다고 대답한 것을 가리킨 것.

제40칙

정병을 걷어차다 [躍倒淨瓶]

潙山和尙始在百丈會中充典座,

百丈將選大潙主人, 乃請同首座對衆下語, 出格者可往.

百丈遂拈淨瓶置地上, 設問云:"不得喚作淨瓶, 汝喚作甚麼?"

首座乃云:"不可喚作木[木*突]也."

百丈卻問於山. 山乃趯倒淨瓶而去.

百丈笑云:"第一座輸卻山子也. 因命之爲開山."

無門曰:"潙山一期之勇, 爭奈跳百丈圈圚不出.

檢點將來, 便重不便輕.

何故聻? 脫得盤頭, 擔起鐵枷.

頌曰: 颺下笊籬幷木杓,

當陽一突絶周遮.

百丈重關攔不住,

脚尖趯出佛如麻.

　위산(潙山)¹⁾스님이 처음 백장²⁾화상의 문하에서 전좌³⁾를 맡고 있었다.

　백장화상이 장차 대위산(大潙山)⁴⁾의 (주지를)주인을 뽑기 위하여 (위산과) 수좌(首座)가 함께 대중에게 말하게 하여 그중에서 출격자(出格者)를 뽑아 보내기로 하였다.

　백장화상이 정병(淨甁)⁵⁾을 가져다 땅 위에 놓고 문제를 걸었다. "이것을 정병이라 불러서는 아니 되니, 너희는 무어라 부를 것인가?"

　먼저 수좌가 나와 말하였다.

　"나막신이라고 할 수도 없습니다" 하였다.

　백장화상이 다시 위산스님에게 물었다. 위산은 자리에서 나와 정병을 걷어차고 돌아갔다. 이에 백장화상이 웃으며 말하기를

---

1) 潙山(771~853) : 福州 長溪 사람. 법명 靈祐, 潙仰宗의 시조. 백장에 참례하여 心印을 받고 대위산을 개산하였는데 동참대중이 항상 1천5백 인이 되었다 한다. 법계보는, 南嶽懷讓—馬祖道———百丈懷海—潙山靈祐—仰山慧寂으로 이어졌다.
2) 백장 : 懷海禪師.
3) 전좌 : 총림에서 대중의 공양구[食事]를 담당하는 직책.
4) 백장의 재가 제자에 司馬頭陀라는 사람이 있어 풍수지리에 밝아 潭州 대위산에 일대 승지가 있음을 말하고 이에 그 개산조를 뽑게 된다.
5) 淨甁 : 손 씻을 물을 담는 병.

"(수좌)제1좌가 산자(山子)에게 졌다" 하고 위산스님에게 개산(開山)6)을 삼았다.

무문이 평한다.

위산이 평생의 용기를 모두 펼쳐 보였으나 백장의 우리[圈圚]7)에서 뛰어나오지 못하였음을 어찌하랴. 자세히 점검해 보면 위산은 무거운 것8)을 취하고 가벼운 것을 버렸다 하겠다. 왜 그러냐 하면 두건(頭巾)을 벗어 놓고 철가(鐵枷)를 짊어졌으니 말이다.

송9)으로 이른다.
조리[笊]와 국자를 내던지고
당당 뛰어나와 잡론(雜論)을 끊는구나.
백장의 중첩 관문이 막아도 걸림없이
발끝에서 튀어나온 부처가 삼대[麻]와 같네.

---

6) 백장이 입적하자 바로 대위산에 들어가 7년 간 인적이 끊인 곳에서 홀로 지내다가 원화 15년(820) 대위산 同慶寺를 개창했다.
7) 무엇이 백장의 우리인가? 위산의 개산조를 뽑고 또한 정병 등 문제를 건 것이 바로 우리다.
8) 대위산의 개산을 맡은 것은 무거운 것을 취한 것이며 가벼운 것이란 전좌. 다음에 두건을 벗어 놓고 철가를 짊어졌다는 것도 같은 뜻.
9) 이 송은 활달한 기봉을 찬양하고 있다.

제41칙
달마의 안심법문(達磨安心)

達磨面壁,

二祖立雪斷臂云:"弟子心未安, 乞師安心."

磨云:"將心來, 與汝安."

祖云:"覓心了不可得."

磨云:"爲汝安心竟."

無門曰:"缺齒老胡, 十萬里航海特特而來.

可謂是無風起浪. 末後接得一箇門人, 又卻六根不具.

咦! 謝三郎不識四字."

頌曰: 西來直指, 事因囑起, 撓聒叢林, 元來是你.

달마(達磨)¹⁾조사가 면벽(面壁)하고 있으니, 이조(二祖)²⁾는 눈

속에 서서 칼을 빼어 팔을 끊어 달마조사 앞에 놓고 말하였다.

"제자는 아직도 마음이 편안치 않습니다. 바라옵건대 화상께서는 저의 마음을 편안하게 하여 주십시오."

달마조사가 말하였다.

"마음을 가져오너라. 너를 편안하게 해 주마."

이조가 대답했다.

"마음을 찾아도 얻을 수 없습니다."

달마조사가

"내 너의 마음을 편안케 하였느니라" 하였다.

무문이 평한다.

이 늙어빠진 오랑캐3)가 10만 리를 항해하여 일부러 온 것은,

---

1) 達磨(?~528) : 菩提達磨. 西天 28대 祖師이며, 동토[중국] 初祖, 남인도 香至國 제3왕자. 般若多羅 존자에 출가하여 40년 동안을 섬기다가 반야다라가 죽은 뒤, 60년을 교화하고 先師의 유촉에 따라 동토로 왔다. 普通 1년(서기 520) 중국 梁나라 광주에 도착, 金陵에서 武帝와 만났고, 그 뒤 魏나라 崇山 少林寺 석굴에서 9년을 지내고, 孝莊·永安 원년에 입적, 그때까지의 교학과 계율 위주의 중국 불교에 佛心, 즉 선법을 개창하고 佛祖心印을 전한 데에 역사적 의의가 있다.
2) 二祖 : 慧可를 말한다(487~593). 이름은 神光, 속성 姬씨, 洛陽 武牢 사람. 40세에 달마를 만나 법을 받고 552년 삼조 僧璨에게 전법한 후 鄴都에서 34년을 지내고 隋 개황 13년에 혹형으로 죽었다. 본칙은 혜가가 처음 달마를 소림굴로 찾았을 때의 기연이다.
3) 달마의 道名이 크게 떨치니 菩提流支·光統 등 執相 학자가 시기하여 음식

과연 바람 없는데 공연히 물결을 일으킨 것이다.4)

뒤늦게 문인을 한 사람 얻기는 하였으나 이것이 또한 불구자다.

사삼랑(謝三郎)5)은 글 넉 자도 모르더라.

송6)으로 이른다.

서쪽에서 와서 바로 가리키니,

일은 부촉으로 인하여 일어났네.

총림을 요란하게 흔들어 놓은 장본인이

원래 바로 너로구나.

에 독약을 넣어 그때마다 토했으나 이가 빠졌다고 한다. 늙은 오랑캐는 달마를 가리킨다.
4) 달마가 동토에 불법을 전한 것을 가리킨다.
5) 謝三郎 : 無知와 淺識을 대표한 말이라 한다. 여기서는 설봉 문하의 玄沙師備禪師를 가리킨 것으로 본다. 현사는 속성 謝씨. 출가 전 강에 배를 띄워 낚시로 소일했는데 출가 후 자조 謝三郎이라 불렸다. 하루는 설봉이 "어찌하여 널리 행각하지 않느냐?" 하니 "달마가 동토에 오지 않았고 二祖가 서천에 가지 않았다" 하였다. 이것이 현사가 祖師西來를 짓밟은 것이라 하여 글 넉 자도 모른다고 평한 것으로 보인다.
6) 이 송의 제1구는 조사가 서쪽에서 와서 마음을 가리켜[祖師西來 直指人心 見性成佛] 선법을 전함을 말하고, 제2구는 법을 전한다는 것이 바람이 없는데 물결을 일으키는 것이라 비유하여 본래 무사한데 무단히 시비와 말썽을 불러 일으켰다고 말하여 달마를 누르면서 칭찬하는 예의 수법을 보인다.

제42칙
여자, 정에서 나오다[女子出定][1]

世尊昔因文殊至諸佛集處, 値諸佛各還本處, 惟有一女人近彼佛坐, 入於三昧.

文殊乃白佛:"云何女人得近佛坐, 而我不得?"

佛告文殊:"汝但覺此女, 令從三昧起, 汝自問之."

文殊遶女人三匝, 鳴指一下, 乃托至梵天, 盡其神力而不能出.

世尊云:"假使百千文殊, 亦出此女人定不得.

---

1) 이 공안의 출전인 『제불요집경』 등에 의하면 대강 다음과 같은 줄거리가 집약되어 공안으로 적용되었음을 알 수 있다.
'부처님이 신통력으로 많은 제자와 함께 普光世界에 갔는데 거기에는 많은 부처님이 모였으나 문수는 참석이 허락되지 않았다. 나중에야 허락이 되어 문수가 들어오니 이미 제불은 흩어지고 離意女만이 삼매에 들어 있음을 발견한다.'
여기서 女子出定 이야기가 나오는 것이다. 결국 여인을 정에서 나오게 한 것은 棄諸蓋보살인데, 세존은 문수에게 이 여인은 기제개보살에 의하여 보리심을 발하였고 문수는 이 여인에 의하여 보리심을 발하였음을 알려 준다.

下方過一十二億河沙國土, 有罔明菩薩, 能出此女人定."

須臾, 罔明大士從地湧出, 禮拜世尊. 世尊勅罔明卻至女人前鳴指一下, 女人於是從定而出.

無門曰:"釋迦老子做者一場雜劇, 不通小小.
　　　　且道文殊是七佛之師, 因甚出女人定不得?
　　　　罔明初地菩薩, 爲甚卻出得?
　　　　若向者裏見得親切, 業識忙忙那伽大定."

頌曰:出得出不得,
　　　渠儂得自由.
　　　神頭幷鬼面,
　　　敗闕當風流.

세존의 옛일이다.

문수(文殊)[2]보살이 여러 부처님이 모인 곳에 이르니, 이미 제불은 각기 본처로 돌아가시고 있는 때였다. 다만 한 여인이 부처님 가까이에 앉아서 삼매(三昧)[3]에 들어 있었다. 문수보살

---

2) 文殊:文殊師利(Manju—Sari). 妙吉祥・妙音・妙德으로 번역되며, 부처님의 지혜를 대표하는 보살. 일곱 부처님의 스승이라고도 칭한다.
3) 三昧:三摩提(Samadhi) 또는 定이라 적는다. 마음이 깊은 곳에 안주하여

이 부처님께 사뢰기를4)

"어찌하여 저 여인은 부처님을 가까이 친근하고 저는 그러하지 못합니까?" 하니,

부처님이 문수보살에게 말씀하였다.

"그대가 이 여인을 깨워 삼매에서 일어나게 하고 그에게 물어보라."

문수보살이 여인의 둘레를 세 번 돌고, 다시 손가락을 탁 튕겨, 그 소리를 범천(梵天)5)까지 추어올리며 온갖 신통력을 다해도 그녀를 정(定)에서 나오게 할 수는 없었다.

이에 세존이 말씀하시기를 "비록 문수가 백이나 천이라도 이 여인을 정에서 나오게 하지 못할 것이다. 다만 하방 12억 항하사 국토를 지내면 그곳에 망명(罔明)6) 보살이 있으니 그가

동하지 않은 상태.
4) 문수는 이 모임에 참여 못하고 철위산에 쫓기었고 이 여인은 참석이 허락된 이유를 묻는다. 그러나 독자여, 문수의 이 말이 아직도 철위산에 빠져 있는 소리임을 착안하라.
5) 梵天 : 사람의 마음의 상태에 따라 세계를 받는데 대충 3등이 있다. 음욕을 중심하여 받아지는 欲界, 욕심을 떠나고 定을 기준하여 받아지는 色界, 미세지견으로 받아지는 無色界 등인데, 범천은 색계 四禪天 중 제1선천에 속하는 天界다.
6) 罔明 : 경에는 棄諸蓋인데 기제개란 모든 번뇌에서 벗어났음을 의미한다. 그러나 無明에서 벗어난 보살인데 본칙에서는 망명이라 하였으니, 罔明이란 바로 無明과 같은 뜻이 된다. 기제개를 망명으로 바꾼 데에 또한 무문의 눈이 있는 것을 본다.

능히 이 여인을 정에서 나오게 할 수 있으리라" 하셨다.

이 말씀을 마치자마자 망명대사가 땅에서 솟아올라와 세존께 예배드렸다. 이에 세존께서, 망명에게 여인이 정에서 나오게 하도록 신칙하시니, 망명은 여인 앞에 가서 손가락을 한 번 튕기자 곧 여인이 정에서 나왔다.

무문이 평한다.

석가 늙은이는 이런 한바탕의 연극을 만들었으나 소소한 일도 못해 냈다.

자! 일러 봐라. 문수는 바로 7불의 스승인데 어찌하여 여인을 정에서 나오게 하지 못하였으며, 망명은 초지(初地)[7] 보살인데 어떻게 여인을 정에서 나오게 할 수 있었는가!

만약 이 사이 도리를 친절히 볼 수 있다면 업식(業識)[8]이 망망하더라도 나가대정(那伽大定)[9]이리라.

송[10]으로 이른다.

---

7) 初地 : 보살의 수행 위차 52위 중 10信, 10住, 10行, 10廻向을 거쳐 10地의 초, 즉 歡喜地. 문수는 10지 보살이다.
8) 業識 : 속세 번뇌의 결정인 범부의 의식 상태.
9) 那伽大定 : 那伽는 Naga[龍]의 뜻이니 大龍 삼매라고도 한다. 용은 즉 불의 뜻, 불의 대삼매를 가리킨다.
10) 이 송은 세존과 문수와 망명과 여인이 나가대정 속에서 자재한 경지를 전개하는 것을 연극으로 보고, 풍류를 노래한다. 제1구 첫머리에 '정에

나오게 하였든 나오게 못하였든
저들 멋대로이니,
신의 머리에 귀신의 탈을 하고
망신을 당하여도 또한 풍류니라.

서'를 붙이면 뜻이 분명해진다.

제43칙
수산의 죽비[首山竹篦]

首山和尚拈竹篦示衆云:"汝等諸人若喚作竹篦則觸, 不喚作竹篦則背.

汝諸人且道喚作甚麼?"

無門曰:"喚作竹篦則觸, 不喚作竹篦則背.

不得有語, 不得無語, 速道! 速道!"

頌曰: 拈起竹篦,
　　　行殺活令,
　　　背觸交馳,
　　　佛祖乞命.

수산(首山)¹⁾스님이 죽비²⁾를 들어 대중에게 말하기를,

"너희들이 만약 이것을 죽비라고 부른다면 저촉되고[觸], 죽비라고 부르지 않는다면 어긋나니[背], 일러 봐라. 무어라 부를 것인가?"3) 하였다.

무문이 평한다.

죽비라고 부르면 저촉되고, 죽비라고 부르지 않으면 어긋나니 말이 있어도 안 되고 말이 없어도 안 된다. 속히 일러라! 속히!

송4)으로 이른다.

---

1) 首山(926~993) : 首山省念. 山東 萊州 사람, 속성 荻씨. 항상 『法華經』을 지송하여 念法華라 불린다. 풍혈의 경책으로 宗旨에 투신, 풍혈의 법을 잇고 임제의 가풍을 떨쳤고 문하에 많은 준재를 냈다. 그의 법계보는 臨濟義玄—興化存奬—南院慧顒—風穴延沼—首山省念으로 이어진다. 이 공안은 수산의 嗣法인 葉縣歸省의 오도기연이다. 수산이 죽비를 들고 엽현에게 물었다.
"죽비라 하면 觸, 죽비라 하지 않으면 背, 너는 무어라 부를 것인가?" 하니, 현이 죽비를 빼앗아 땅에 내던지면서 말하기를 "이것이 다 무엇이냐!" 하였다. 수산이 "이 눈먼 놈!" 하고 소리치니, 엽현이 언하에 깨쳤다.
2) 죽비 : 2척 가량의 대쪽을 약간 굽힌 것으로, 종사가 대중 접득하는 법구로 쓴다. 본시 破弓이라는 이명이 있듯이 활을 꺾어 만든 것, 궁중에서 벌주는 도구로 쓰였다는데 어느덧 총림에 들어와 지금의 죽비가 됐다. 우리 나라의 죽비는 나무 두 쪽을 합하여 자루를 묶어, 치면 소리가 나게 한 것인데 주로 대중을 지휘하는 지휘봉 구실을 한다.
3) 죽비라 하면 名相에 걸려 법리에 저촉되고, 죽비가 아니라 하면 사실에 어긋난다. 이 背觸에 걸리지 않는 한 句를 찾아오라 하는 것.

죽비를 비껴들고
죽이고 살리는 영(令)을 행한다.
어긴다 저촉된다, 뒤섞어서 휘두르니
(이 앞에선) 불조도 목숨을 비누나!

---

4) 이 송에서 離言絶句의 獨步·自在의 권위를 보인다.

제44칙
파초의 주장자[芭蕉柱杖]

芭蕉和尙示衆云:"你有拄杖子, 我與你拄杖子;你無拄杖子, 我奪你拄杖子."

無門曰:"扶過斷橋水, 伴歸無月村.
若喚作拄杖, 入地獄如箭."

頌曰:諸方深與淺,
都在掌握中,
撐天幷拄地,
隨處振宗風.

파초(芭蕉)[1]스님이 대중에게 말씀하셨다. "너희에게 주장자[2]

---

1) 芭蕉:慧淸 무문관 48칙 공안 가운데 유일한 우리나라 신라 사람이다. 속성·연대·전기 등 분명치 않으나 潙山의 4대 孫이므로 9세기경일 듯. 그

가 있으면 내 주장자를 주리라. 너희에게 주장자가 없으면 내가 주장자를 빼앗으리라."

무문이 평한다.
(주장자를) 붙들어 다리 끊긴 물3)을 건너고 (주장자를) 짝지어 달 없는 마을에 돌아왔네.
이를 만약 주장자라고 부른다면 지옥에 들어감이 쏜살같으리라.

송으로 이른다.
제방4) 종사의 깊고 얕음이
모두가 산승의 손아귀에 들었다.
하늘을 받치고 땅을 괴니
어디서나 닥치는 대로 종풍(宗風)을 떨친다.

의 법계보는 南嶽懷讓…潙山靈祐―仰山慧寂―南塔光涌―芭蕉慧淸으로 이어진다.
2) 拄杖子 : 본시는 7척의 지팡이인데, 총림에 와서 拂子와 같이 종사가 학인을 접득하는 법구가 되고 따라서 3척 정도의 짧은 것이 됐다.
3) 애욕의 물, 무명의 밤에도 걸림없는 이 한 물건을 무어라 할 것인가? 설사 한 물건이라 하더라도 철위산을 뒤집어씀이라.
4) 하늘·땅을 삼켜버린 이 주장자, 이 주장자가 무문의 손아귀에 잡혀 있으니 무문이 방자할밖에 없다.

제45칙

저는 누구냐 [他是何誰]

東山演師祖曰:"釋迦彌勒猶是他奴, 且道他是阿誰?"

無門曰:"若也見得他分曉, 譬如十字街頭撞見親爺相似,
　　　　更不須問別人道是與不是."

頌曰:他弓莫挽,
　　　他馬莫騎,
　　　他非莫辨,
　　　他事莫知.

동산연(東山演)[1] 스님이 말하였다.
'석가도 미륵도 오히려 저의 종이니라. 일러 봐라. 저는 누구

---

1) 東山法演 : 앞의 제35칙, 제36칙에 나옴.

인가.'2)

　무문이 평한다.
　만약 저를 분명히 보게 되면 마치 십(十)자 거리에서 친아버지를 만난 것 같아서 다시 다른 사람의 옳으니 그르니 하는 말을 기다릴 것이 없느니라.3)

　송으로 이른다.
　남4)의 활을 당기지 마라.
　남의 말을 타지 마라.
　남의 잘못을 가리지 마라.
　남의 일을 참견하지 마라.

---

2) 석가와 미륵을 부리는 주인은 누구인가 하는 것.
3) 자기 아버지는 자기가 안다. 물을 마시니 차고 더움을 스스로 안다. 남의 판단을 기다릴 것 없다.
4) 활은 지혜, 말[馬]은 행, 즉 덕행으로 바꾸어 생각해 보라. 일일이 자기 흉금[참 면목]에서 철철 흘러나와야 한다.

제46칙
장대 끝에서 앞으로 나가다[竿頭進步]

石霜和尙云:"百尺竿頭, 如何進步?"
又古德云:"百尺竿頭坐底人,
　　　　　雖然得入未爲眞.
　　　　　百尺竿頭須進步,
　　　　　十方世界現全身."

無門曰:"進得步, 翻得身, 更嫌何處不稱尊,
　　　　然雖如是, 且道, 百尺竿頭, 如何進步, 嗄!"

頌曰:瞎卻頂門眼,
　　　錯認定盤星,
　　　拌身能捨命,
　　　一盲引衆盲.

석상(石霜)[1]스님이 말하였다.

"백 척의 장대 끝에서 어떻게 나아갈 것인가?"

또 고덕(古德)[2]이 이르기를,

"백 척의 장대 끝에 앉아 있는 사람이라 하더라도

구경(究竟)이 될 수 없으니,

백 척 장대 끝에서 한 걸음 앞으로 나아가야

시방(十方) 세계에 온 몸을 나툴 것이다" 하였다.

무문이 평한다.

앞으로 나아가고 몸을 뒤친다면

그 사람은 어디서나 존경받을 것이다.

비록 그러하나 일러 봐라.

---

1) 石霜 : 여러 석상 중 어느 석상이냐 논의는 있다. 혹은 石霜慶諸 또는 石霜楚圓, 후자로 본다. 석상초원(986~1039)은 임제종의 거장, 慈明으로 불린다. 廣西 全州 사람, 속성 李씨. 허벅다리를 송곳으로 찌르면서 용맹정진한 것을 慈明刺股라 하여 종문에 길이 수행담으로 전해 온다. 법계보는, 南嶽懷讓…臨濟義玄―興化存奬―南院慧顒―風穴延沼―首山省念―汾陽善昭―石霜楚圓으로 이어진다.

2) 古德 : 長沙景岑(?~868), 南泉普願의 법을 이었다. 전기는 분명치 않다.『傳燈錄』에는 다만 '招待賢 대사라 하고 처음 鹿苑의 제1세가 된 후 정처 없이 지내며 기연 따라 설법하였다'라고 할 뿐이다. 長沙遊山·岑大蟲의 일화로 유명하다. 그의 법계보는 南嶽懷讓―馬祖道一―南泉普願―長沙景岑으로 이어진다.

백 척 장대 끝에서 어떻게 나아갈 것인가.

송으로 이른다.
정문(頂門)3)의 눈이 멀어서
정반성(定盤星)을 잘못 보누나.
장대 끝에서 몸을 버리고 목숨을 던져도
한 장님이 뭇 장님을 이끄네.

---

3) 頂門眼 : 마혜수라(Mahe S'rara). 천왕[大自在天]이 가졌다는 두 눈 외의 눈. 범부의 눈이 아닌 心眼을 가리킨다. 앞서는 一隻眼이라 했으나 같은 뜻의 말.

제47칙
도솔의 삼관[兜率三關]

兜率悅和尙設三關問學者:"撥草參玄, 只圖見性, 卽今上人性在甚處?

識得自性, 方脫生死, 眼光落時作麽生脫?

脫得生死, 便知去處, 四大分離, 向甚處去?"

無門曰:"若能下得此三轉語, 便可以隨處作主,
　　　　遇緣卽宗;其或未然, 麤湌易飽, 細嚼難飢."

頌曰:一念普觀無量劫,
　　　無量劫事卽如今.
　　　如今覰破箇一念,
　　　覰破如今覰底人.

도솔열(兜率悅)¹⁾스님이 삼관(三關)²⁾을 만들어서 (수행자)학자에게 물었다.

"세속을 떠나 제방으로 선지식을 찾으며 참선하고 도를 배우는 것은 다만 견성(見性)하기 위함이니 그대의 성품은 지금 어느 곳에 있는가?

자성(自性)을 알았으면 생사에서 벗어날 것이니 그대는 죽음이 닥쳐왔을 때 어떻게 벗어날 것인가?

생사(生死)에서 벗어났으면 갈 곳을 알 것이니 사대(四大)가 흩어지면 어느 곳을 향해 갈 것인가"라고 하였다.

무문이 평한다.

만약 이 삼관(三關)에 대해 능히 적절한 대답을 할 수 있다면

그 사람은 곧 처처에 주인³⁾이 되고, 만나는 인연마다 종지(宗旨)를 떨칠 것이나,

만약 그러하지 못하면 모름지기 자세히 살펴야 하니

---

1) 兜率悅(1044~1092) : 從悅. 江西 사람, 속성 熊씨. 운개산 守智의 지시로 보봉에 참례, 심인을 받았다. 송대의 재상 無盡居士 張商英은 그의 제자다. 그의 법계보는, 南嶽懷讓…臨濟義玄…石霜楚圓―黃龍慧南―寶峰克文―兜率從悅로 이어진다.
2) 三關 : 경선을 시험하는 세 개의 관문.
3) 『臨濟錄』에 '처처에 주인을 지으면 있는 곳마다 모두가 眞이다[隨處作主 立處皆眞]' 하였는데 여기에서 주인이란 절대적 주체성을 의미.

대개 거칠게 먹으면 배부르기 쉬워도 곱게 씹은 것이 오래 든든하니라.

송4)으로 이른다.
일념으로 무량겁을 관하니
무량겁의 일은 곧 지금의 일이라
지금의 이 일념을 간파하면
지금을 보고 있는 그 사람(본래인)을 간파한다.

---

4) 이 송이 생사의 구름에 상관없는 청천백일 소식을 천명한다. 이것이 무문의 三關에 대한 답. 끝으로 초심을 위하여 『涅槃經』의 일절을 첨가한다. "일체 중생이 모두 불성이 있어 본래 해탈이니 다만 중생이 자기 마음에 집착하는 까닭에 스스로 전도하여 모든 얽힘을 받는다. 만약 능히 일념의 훗을 돌이켜 참에 돌아와 얽힘을 요달하면, 얽힘이 없을 때 곧 부처님과 똑같은 해탈이라 차별이 있을 수 없다."

제48칙

건봉의 한 길[乾峯一路]

乾峰和尚因僧問:"十方薄伽梵, 一路涅槃門. 未審路頭在甚麼處?"
峰拈起拄杖劃一劃, 云:"在者裏."

後僧請益雲門, 門拈起扇子云:"扇子[足*孛]跳上三十三天, 築著帝釋鼻孔. 東海鯉魚打一棒, 雨似盆傾."

無門曰:"一人向深深海底行, 簸土揚塵; 一人於高高山頂立, 白浪滔天.

把定放行, 各出一隻手扶豎宗乘, 大似兩箇馳子相撞著, 世上應無直底人.

正眼觀來, 二大老總未識路頭在."

頌曰:未擧步時先已到,
　　　　未動舌時先說了.

直饒著著在機先,

更須知有向上竅.

건봉(乾峯)¹⁾스님에게 한 수행자가 물었다.

"시방의 모든 부처님이 열반문²⁾에 이르는 한 길이 있다 하오니 그 길이 어디에 있습니까?"

건봉스님이 주장자를 들고 공중에 1자 한 획을 그으며 "여기 있다"고 하였다.

이 수행자가 후에 운문(雲門)³⁾스님에게 다시 물으니 운문스님이 부채를 들어 말하기를,

"이 부채가 튀어 삼삼천(三三天)⁴⁾에 올라가 제석(帝釋)의 콧구멍을 들이받고,

동해의 잉어를 한 방망이 치니 비가 동이로 붓는 듯 내린다"고 하였다.

---

1) 乾峯 : 생존 연대는 알 수 없다. 洞山良价의 제자이므로[동산은 869년 죽음] 대개 짐작이 간다. 그의 법계보는 青原行思―石頭希遷―藥山惟儼―雲岩曇晟―洞山良价―越州乾峯으로 이어진다.
2) 열반문 : 해탈의 법문.
3) 雲門 : 문언 선사.
4) 三三天 : 忉利天의 다른 이름. 제석은 도리천의 天主로서 三三天의 중앙에 제석천이 있으며, 여타의 三二天과 하위천인 四王天을 통솔하고 불법을 보호한다.

무문이 평한다.

한 사람5)은 깊고 깊은 바다 밑을 걸으매 티끌을 불어 일으키고, 한 사람은 높고 높은 산정에 올라섰는데 파도가 하늘까지 닿았다. 혹은 파정(把定), 혹은 방행(放行)하여 각각 한쪽 손을 내밀어 종승(宗乘)을 붙들어 세우니 마치 양쪽에서 달리는 사람이 서로 맞부딪침과도 같다. 그러나 세상에는 참으로 밑바닥까지 투철하게 요달한 사람이 없는 모양이다. 바른 눈으로 볼 때 두 노장도 또한 모두가 길을 모르고 있는 것이다.

송6)으로 이른다.
한 걸음 걷기 전에 이미 이르렀고,
혀도 까딱하기 전에 벌써 말을 다했구나.
비록 한 수 한 수 기선(機先)을 잡더라도
다시 향상(向上)의 규[竅]가 있는 것을 알아야 한다.

---

5) 앞 한 사람이란 건봉, 다음 한 사람은 운문, 파정은 건봉, 방행은 운문을 가리킨다. 파정·방행은 宗門 機用을 표현하는 말로서 파정은 把住라고도 하며 거두고 빼앗는 것이고, 방행은 놓고 주는 것을 의미한다. 지금의 선 실문에서 파정·방행의 두 패를 흔히 본다.
6) 제1구가 건봉의 한 획 그은 것을, 제2구가 운문의 부채를 각각 노래한다. 제3구의 한 著, 제4구의 竅는 바둑에서 온 말이다. 이 송은 앞의 무문의 평을 다시 거듭 강조한다.

후서(後序)[1)]

從上佛祖垂示機緣, 據款結案, 初無剩語. 揭翻腦蓋, 露出眼睛, 肯要諸人直下承當, 不從佗覓. 若是通方上士, 纔聞擧著, 便知落處, 了無門戶可入, 亦無階級可升. 掉臂度關, 不問關吏.

豈不見玄沙道:"無門解脫之門, 無意道人之意."

又白雲道:"明明知道, 只是者箇, 爲甚麽透不過?" 恁麽說話, 也是赤土搽牛嬭.

若透得無門關, 早是鈍置無門;若透不得無門關, 亦乃辜負自己.

所謂涅槃心易曉, 差別智難明. 明得差別智, 家國自安寧.

時紹定改元解制前五日 楊岐八世孫 無門比丘 慧開 謹識

이상 48칙의 불조(佛祖)가 보인 (공안)말씀이나 거동은 마치 법률 운용이 사실에 의거 판단하는 것처럼 한마디도 군말이 없

---

1) 이 이하는 앞의 제48칙에 이어 있는 것을 내용상 따로 나누어 후서라 해 둔다.

다. (머리)두개골을 열어서 드러내고 안목을 온통 드러낸 것이니 모든 사람들은 반드시 직하에 알아들을 것이요, 결코 다른 곳으로 찾아 헤매지 말아야 한다.

만약에 시방 대도에 통달한 상근기 사람이라면 겨우 한 구절만 들어도 곧 전체의 귀추를 알 것이니 문 없이 들어감을 알고 또한 계급 없이 단번에 올라가는 도리를 알 것이다. 팔을 흔들어 자유로이 관문을 통과한들 관문지기가 무엇이라 말하랴!

현사(玄沙)스님이 말하기를 "문이 없는 것이 해탈의 문이며, 뜻이 없는 것이 도인의 뜻이다"라고 하였으며, 또한 백운(白雲)스님이 이르기를 "명명백백하게 아는 바가 이것인데 어찌하여 통과하지 못하는가!"라 하였다.

이와 같은 이야기들은 모두가 황토 위에 우유를 바르는 것이다.2) 만약 무문관을 통과하였으면 벌써 이 무문3)을 제쳐 버렸을 것이요, 만약 그렇지 못하여 아직도 무문관을 통과하지 못하였다면 이는 바로 자기 자신을 배반한 것이다.

열반심4)은 밝히기 쉬워도 차별지(差別智)는 밝히기 어렵다

---

2) 황토에 젖을 바르면 더욱 더러워진다. 현사나 백운이 말할수록 본분과는 거리가 멀어진다는 뜻.
3) 무문 : 무문관의 편자인 無門慧開 자신.
4) 열반심은 이른바 불생불멸의 본심. 차별지는 구체적 현실에서 열반심을 굴리는 지혜

하였으니 차별지를 밝히게 되면 집안이나 나라가 스스로 태평하리라.

때는 소정(紹定)5) 원년 해제(解制) 전 5일,
양기(楊岐)6) 8세 법손인 무문 비구 혜개 삼가 씀

---

5) 紹定 : 남송 理宗 4년에 이때까지의 연호 寶慶을 소정으로 고쳤다(서기 1228년).
6) 楊岐 : 方會禪師(996~1049)를 가리킨다. 임제종 양기파의 開祖. 원주 의춘 사람, 속성 冷씨. 석상초원의 법을 받고 백운수단이 그 법을 이어 門風이 크게 성하였다. 법계보는 臨濟義玄…風穴延沼―首山省念―汾陽善昭―石霜楚圓―楊岐方會로 이어진다.

선잠(禪箴)[1]

循規守矩, 無繩自縛；縱橫無礙, 外道魔軍. 存心澄寂, 默照邪禪；恣意忘緣, 墮落深坑. 惺惺不昧, 帶鎖擔枷；思善思惡, 地獄天堂；佛見法見, 二鐵圍山. 念起卽覺, 弄精魂漢；兀然習定, 鬼家活計. 進則迷理, 退則乖宗, 不進不退, 有氣死人. 且道如何履踐? 努力今生須了卻, 莫敎永劫受餘殃.

규율과 법도에만 얽매임은 노끈 없이 스스로 얽음이요, 생각대로 걸림 없이 놀아나는 것은 외도 마군이요, 마음을 잡아 고요와 맑음을 도모하는 것은 묵조(默照)의 삿된 선이요,[2] 뜻대로 마구 굴어 인연 경계를 불고하는 것은 컴컴하고 깊은 구렁에 빠짐이요, 말끔히 깨어 매하지 않음은 쇠고리를 차고 목에 철가(鐵枷)를 짊어짐이요, 선이나 악을 생각함은 지옥과 천당이

---

[1] 禪箴: 무문이 지은 것. 선잠은 잘못된 선을 치료한다는 뜻.
[2] 曹洞界에서 '다만 앉아 있는 것'을 강조하는 것을 임제계에서 默照邪禪이라고 나무란다.

요, 불견(佛見)·법견(法見)을 짓는 것은 (두 겹으로 둘러싼)이 (二) 철위산(鐵圍山)3)에 갇힘이요, 번뇌망념이 일어나면 곧 이것은 공(空)이라는 등 깨우치는 생각으로 대하는 것은 귀굴(鬼窟)에서 살림하는 것이요, 깨닫기로 나아가면 법리를 잃고 물러서면 종지를 어기며, 나아가지도 않고 물러서지도 않는다면 숨 쉬는 송장이다. 자! 일러 봐라. 그러면 어떻게 행리(行履)할 것인가?

노력하라! 모름지기 금생에 요달해 마쳐 영원히 재앙을 받지 않도록 하라.

---

3) 고대 인도의 우주론에서 세계의 중심인 수미산을 둘러싸고 있는 바다를 다시 둘러싸고 있는 산을 철위산이라 한다.

황룡삼관(黃龍三關)[1]

我手何似佛手? 摸得枕頭背後, 不覺大笑呵呵, 元來通身是手.
我脚何似驢脚? 未擧步時踏著, 一任四海橫行, 倒跨楊岐三脚.
人人有箇生緣, 各各透徹機先, 那吒折骨還父, 五祖豈藉爺緣?
佛手驢脚生緣, 非佛非道非禪, 莫怪無門關險, 結盡衲子深冤.
瑞巖近日有無門, 掇向繩床判古今. 凡聖路頭俱截斷, 幾多蟠蟄起雷音.

請無門首座立僧, 山偈奉謝.

---

[1] 黃龍三關: 이 글은 明州 瑞巖寺의 無量宗壽가 무문을 청하여 무문관 48칙을 拈提하였는데 그에 대한 사의를 표하기 위하여 黃龍慧南의 三關語에 자작의 송을 붙인 것. 황룡(1002~1069)은 임제 황룡파의 시조. 북송의 선승으로 石霜楚圓에 참례하여 조주가 노파를 감파한 공안으로 대오, 인가를 받고 제방을 거쳐 晩年에 황룡산으로 가 크게 종풍을 떨쳤다. 법계보는 南嶽懷讓…臨濟義玄…汾陽善昭─石霜楚圓─黃龍慧南·楊岐方會로 이어졌다. 황룡혜남과 양기방회는 사형제다. 황룡은 평소 찾아온 납자에게 손을 내밀면서 "이 손이 어째서 佛手와 같은가?" 또 발을 내밀면서, "이 발이 어째서 나귀 발을 닮았을까?" 하고, 다시 "사람마다 제각기 태어난 인연이 있는데 그대의 生緣은 어디에 있는가?"라고 하였다. 이러기를 30여 년간, 이를 가리켜 제방에서는 '황룡삼관'이라 하였다.

紹定庚寅季春 無量宗壽 書

내 손은 불수(佛手)와 너무나도 닮았다.
머리맡 등 뒤를 더듬어 보니
무심코 웃음이 터져 나온다.
원래가 온몸이 손이었던 것을!

내 발은 어쩌면 나귀 발과 닮았나
한 걸음 들기 전에 대지를 밟았네.
사면팔방 천지를 멋대로 횡행하니
양기(楊岐)2)의 세 발 나귀를 거꾸로 탄다.

사람마다 제각기 생연(生緣)3)이 있으나
생연에 걸림없이 만겁을 사무쳤네.
나타(那吒)4)는 뼈를 발라 아버지에 돌렸고

---

2) 양기 : 방회. 어떤 출가수행자가 물었다. "어떤 것이 부처입니까?" 방회 대답하기를 "(절름발이)세 다리의 당나귀(三脚驢子)가 잘도 가는구나!" 하였다.
3) 生緣 : 사람은 누구나 제각기 인연따라 태어난다. 자신의 業因이 因이 되고 부모가 緣이 된다.
4) 那吒太子는 살을 베어서 어머니에게, 뼈는 발라서 아버지에게 돌리고 다

오조(五祖)5)는 그 어찌 아버지를 빌었던가.

불수(佛手)6)도, 나귀 발도, 태어난 인연도
모두가 불(佛)도 도(道)도 다 아니다.
무문관7)이 보다 험하다 탓하지 마라
납자들이 이곳에 깊은 원한 맺노니.8)

서암(瑞巖)에 무문이 친히 오셔서
선상(禪床)에 진좌하여 고금을 판단했네.9)
성현 범부 나아갈 길 모두 다 끊어 놓으니
움츠렸던 용상(龍象)10)들이 얼마나 요동쳤나.

시 본신을 나타내어 부모를 위해 법을 설했다고 한다.
5) 五祖: 弘忍祖師. 전생은 裁松道者인데, 四祖인 道信大師에게 법을 듣기 위해서 스스로 죽어서 周씨 처녀의 몸에 들어가 태어나 출가하여 弘忍이 되었다. 이래서 오조는 '마리아' 아닌 또 하나의 동정녀인 주씨 처녀의 아들이 된다.
6) 황룡혜남의 三關에 대한 문제성을 말한다. 非佛・非道・非禪.
7) 무문관을 찬탄한다.
8) 납자들이 무문관을 투과하기에는 온갖 정력을 모두 바치고도 쉽지 않다 함이다.
9) 古今의 공안을 비판했다는 뜻.
10) 납자들에게 숨어있는 본분의 氣銳를 촉발하여 마치 움츠려 있던 용이 일어나 큰 뇌성 번개를 치듯, 납승들의 안목을 얼마나 밝혀 놨을까! 하며, 초청자로서의 감사와 청중으로서의 환희를 함께 말하고 있다. 용상은 뛰어난 납승.

무문 수좌를 입승(立僧)11)으로 청하게 되었음을 감사하면서 삼가 이 허술한 글을 드린다.

소정경인(紹定庚寅)12) 늦봄(季春) 무량종수(無量宗壽)13) 씀

---

11) 立僧 : 선림에서 首座 외에 다른 有道之師를 청하여 演法하기도 하고, 또는 다른 곳의 尊宿을 청하여 설법하게 하는데 이를 입승수좌라 한다.
12) 조정경인 : 남송 이종 조정 3년이다(1230).
13) 무량종수 : 임제종, 생존 연대는 미상이나 무문과 동시대 사람.

```
南嶽懷讓…臨濟義玄…五祖法演─┬─圜悟克勤─大慧宗杲
                            └─開福道寧─月庵善果
                  ─佛照德光─育王師瑞─無量宗壽
                  ─老衲祖證─月林師觀─無門慧開
```

발(跋)[1]

達磨西來, 不執文字, 直指人心, 見性成佛.
說箇直指, 已是迂曲, 更言成佛, 郞當不少.
旣是無門, 因甚有關?
老婆心切, 惡聲流布. 無庵欲贅一語, 又成四十九則.
其間些子淆訛, 剔起眉毛薦取.

淳祐乙巳夏 重刊

檢校少保寧武軍節度使 京湖安撫制置大使 兼屯田大使 兼夔路策應大使 兼知江陵府 漢東郡開國公 食邑二千一百戶 食實封陸佰戶 孟珙 跋.

달마가 서쪽에서 와서, 문자에 국집하지 않고, 바로 사람 마

---

[1] 이 발문은 맹공의 것. 맹공은 불교에도 통한 무인으로, 이름은 璞玉, 호를 無庵居士라 했다. 이 발문은 남송 이종 淳祐 5년의 중간 때에 붙인 것. 초판 후 17년이 된다.

음을 가리켜서 성품을 보아 성불(成佛)하게 하였다. 그러나 사람 마음을 바로 가리킨다는 이것이 또한 군말이거니, 다시 성불한다고 한다면 이야말로 망령이다.

이제 무문이라 하였으니 이미 무문일진대, 어찌 관문이 있으랴! 노파심이 간절한 것이 오히려 나쁜 소문을 퍼뜨렸다. 무암(無庵)도 또한 부질없는 헛말을 한 줄 덧붙여 49칙을 이루게 하고자 한다. 만약 이 사이에 약간의 허물이 있을진대 결코 간과하지 마라. 마땅히 두 눈을 활짝 뜨고 찾아내야 하느니라.

순우(淳祐) 을사년 여름 중간하면서

검교소보 영무군절도사 경호안무제치대사 겸 둔전대사 겸 기로책응대사 겸 지강릉부한동군개국공 식읍이천일백호 식실봉육백호(檢校少保, 寧武軍節度使, 京湖安撫制置大使 兼 屯田大使 兼 夔路策應大使 兼 知江陵府漢東郡 開國公, 食邑二千一百戶, 食實封陸百戶),

맹공(孟珙)이 발문을 쓰다.

안만(安晩) 49칙[1] [安晩 附增]

無門老禪作四十八則語, 判斷古德公案, 大似賣油餠人, 令買家開口接了, 更呑吐不得.

然雖如是, 安晩欲就渠熱爐熬上再打一枚, 足成大衍之數, 卻仍前送似.

未知老師從何處下牙? 如一口喫得, 放光動地 ; 若猶未也, 連見在四十八箇都成熱沙去.

速道! 速道!

經云 : "止止不須說, 我法妙難思."

安晩曰 : "法從何來? 妙從何有? 說時又作麽生? 豈但豊干饒舌, 元是釋迦多口.

這老子造作妖怪, 令千百代兒孫被葛藤纏倒, 未得頭出.

---

1) 이 제목은 역자가 달았다. 원본에는 제목이 없고 다만 '경에 이르기를' 앞에 49칙어라 했고 대개의 경우 安晩 跋이라 하고 있다. 49칙어의 전문임. 안만은 호이고 이름이 鄭淸之, 南宋 埋宗 때의 묘관, 1251년 죽다.

似這般奇特話靶, 匙挑不上, 甑蒸不熟. 有多少錯認底?

傍人問云:"畢竟作如何結斷?" 安晩合十指爪曰:"止止不須說, 我法妙難思."

卻急去'難思'兩字上打箇小圓相子指示衆人:"大藏五千卷, 維摩不二門, 總在裏許."

頌曰:語火是燈,
　　　掉頭弗膺.
　　　惟賊識賊,
　　　一問卽承.

淳祐丙午季夏初吉　安晩居士　書于西湖漁莊

[舊板磨滅故, 重命工鋟梓畢. 這板置于武藏州兜率山廣園禪寺也. 應永乙酉十月十三日　幹緣比丘　常收]

　무문 노선(老禪)이 48칙의 이야기를 모아서 고덕(古德)의 공안을 비판했다. 이것은 마치 유과(油菓) 장수가 유과를 산 사람의 입을 벌리게 하고, 입에 가득 유과를 처넣어 삼킬 수도 없고 토할 수도 없게 한 것과 같다.

비록 그러하나, 안만(安晚)은 다시 저 펄펄 끓는 냄비에 다시 유과2)를 한 개 더 곁들여 49개를 채워서 이것을 앞서와 같이 먹이는 바이다.

이에 무문 노사(老師)는 어떻게 씹어 낼 작정인가? 만약 이 유과를 한입에 먹어낸다면 천지3)에 광명을 놓고 대지를 진동시킬 것이요, 만약 먹어 내지 못한다면 이 48칙 하나하나가 뜨거운 모래로 변할 것이니, 자 속히 일러라, 속히!

경에 이르기를 '멈추어라, 그만둬라, 더 말하지 마라. 나의 법은 미묘하여 생각하기 어려우니라'4) 하였다.

이에 안만은 말했다. 법은 어디에서 왔으며 묘하다니 어떻게 생겼더냐? 이것을 말할 때는 어떻게 할 것인가? 한산(寒山)과 습득(拾得)은 풍간(豊干)5)을 요설가라 했지만 풍간만이 아니다. 원

---

2) 유과 : 공안을 가리킨다. 49개는 원문에 大衍之數인데 『周易』의 '大衍數는 50, 쓰이기는 49'라는 데서 여기서는 49로 보아 둔다. 다만 앞의 맹공의 발에서 49칙이라 하였으므로 안만 발은 50칙에 해당하나 안만이 전년에 있는 맹공 발의 사실을 몰랐을 것이라고 해석해 둔다.
3) 부처님이 설법할 때는 광명이 천지에 뻗치고 대지가 6종으로 진동하는 상서가 있다.
4) 『法華經』「방편품」중, '止止不須說 我法妙難思 諸增上慢者 聞而不敬信'의 전반.
5) 한산·습득·풍간 : 모두 당나라 때의 선승. 생존 연대는, 태종 또는 현종 때라고 하나 모두 분명치 않다. 습득과 한산이 유도지사라는 사실을 풍간이 누설하여 饒舌이란 말이 나온 것. 『한산집』, 또는 『삼성집』이라 한 시집

래 석가가 말이 많다. 이 노인은 괴상한 것을 만들어 내어서 백 대 천대 후손들까지 덩굴에 휘감아 아직도 머리를 못 들게 한다.

이러한 기묘한 말자루는 수저로 건지고자 해도 걸리지 않고, 시루에 쪄도 익지 않으니 이 사이에 얼마만큼이나 사람들이 골탕을 먹었을까?

곁의 사람이 묻기를 "마침내 어떻게 결말낼 것인가?"라고 한다면 나는 두 손 모아 합장하고 말하기를 "그만두오. 더 말하지 마오. 나의 법은 미묘하여 생각하기 어렵소"라고 할 것이며, 또한 급히 생각하기 어렵다는 글자 위에 한 작은 동그라미를 그려서 모든 사람에게 보이고, "부처님의 일대장경 5천 권도, 말없이 보인 유마(維摩)의 불이(不二) 법문도 모두가 이곳에 있다"고 할 것이다.

송으로 이른다.
불[火]은 이것이 바로 등(燈)이라 말하는데
머리를 저으며 응하지 않네.
도적의 심사는 도적만이 아는 것
말 한 번 던지면 곧 알아듣는다.

이 지금에 전하여 유명하다. 실존 인물인지에 대해서는 논의가 있다.

순우병오년(淳祐丙午, 1246) 6월 길일
서호어장(西湖漁莊)에서 안만거사(安晩居士) 씀

무문혜개(無門慧開, 1183~1260)

선사는 중국 남송 효종의 순희(淳熙) 10년(고려 명종 13년), 중국 항주 양저(良渚)에서 태어났다. 출가 후 천룡굉(天龍肱)에 참례하고 제방 존숙을 찾다가 마침내 평강 만수사(萬壽寺) 월림사관(月林師觀)을 찾았다. 여기서 무문은 조주의 무자(無字) 공안 앞에 맞붙는다. 그는 '만약 조는 경우가 있으면 이 몸을 불살라버리겠다'고 맹세하고 머리를 기둥에 부딪치는 등 분지책려 하기 6년, 월림과 불꽃 튀기는 문답의 감변을 거쳐 마침내 인가를 받았다. 그 후 여러 곳을 역임하고 순우(淳祐) 6년(1246) 호국인왕사를 개산하였다. 이듬해 이종(理宗)의 청으로 입궐, 설법하고 금란법의와 불안(佛眼)의 호를 받았다. 만년에는 서호(西湖)로 은퇴, 암거하였으나 역시 참학자가 끊이지 않았다.

금하광덕(金河光德, 1927~1999)

1927년 4월 4일 경기도 화성에서 출생, 24세가 된 1950년 가을 지병인 폐결핵 요양차 부산 범어사로 입산했다. 그로부터 사람의 한계를 넘나드는 위법망구의 고행정진을 통해 마침내 불법을 오득체달한 뒤 수년 동안 보임하였다. 입산 10년 만인 1960년 4월에 동산대종사로부터 계를 받았다.
1974년 9월 '불광회'를 창립하여 동년 11월 월간 '불광'을 창간하여 문서를 매체로 한 반야바라밀다 사상운동을 시작했다. 이어서 다음 해인 1975년 10월, '불광법회'를 창립, 그야말로 본격적인 반야바라밀다결사 불광운동의 시작을 내외에 다시 천명했다. 이를 위해 우선 불교의식의 한글화, 20여 종에 이르는 경전의 국역과 저술활동, 밝고 적극적인 부처님의 가르침을 담은 찬불가 보급 등을 통해 재가불자들 스스로가 주체적이며 적극적인 수행을 하도록 이끌었다.

여러 어려운 여건 속에서도 조금도 물러서지 않고 일평생 보현대사의 교화를 내보인 대선사는 1999년 2월 27일 오후 2시 무렵 법랍 48세, 세수 73세로 서울 불광사에서 사바의 연을 조용히 거두고 대원적 무상적멸에 들었다.

송암지원(松菴至元)

광덕대선사의 문인(門人)으로 현재 경기도 안성 도피안사의 주지 소임을 보며 스승의 가르침을 공부하고 있다. 스승의 '새불교 운동'에 대한 규범을 반야바라밀다결사로 체계화하여 홈페이지에 올렸으며, 특히 대선사의 행화를 집록한 '광덕스님시봉일기'(11권)를 발간하였다.(홈페이지-http://dopiansa.or.kr)